Completando a Reforma de Lutero no Século 21

Completando a Reforma de Lutero no Século 21

David Pawson

ANCHOR RECORDINGS

Copyright © 2020 David Pawson Teaching Trust

English title: Completing Luther's Reformation

Os direitos autorais referentes a este livro são assegurados a David Pawson, de acordo com a Lei de Direitos Autorais, Desenhos Industriais e Patentes de 1988 (Reino Unido).

Uma publicação da Anchor Recordings Ltd
DPTT, Synegis House, 21 Crockhamwell Road,
Woodley, Reading RG5 3LE, UK

Todos os direitos reservados.

Nenhuma parte desta publicação pode ser reproduzida ou distribuída, em qualquer forma ou por quaisquer meios, sejam eles eletrônicos ou mecânicos, incluindo fotocópias e gravações, ou por qualquer sistema de armazenamento e recuperação de informações, sem autorização prévia, por escrito, da Editora.

www.davidpawsonbooks.com

www.davidpawsonbooks.org

ISBN 978-1-913472-04-7

SUMÁRIO

PREFÁCIO	7
REAVIVAMENTO OU REFORMA?	9
IGREJA E ESTADO	37
QUESTÕES MINISTERIAIS	59
RESOLVENDO AS PENDÊNCIAS	85

Esta publicação baseia-se em uma palestra. Por originar-se da palavra falada, muitos leitores considerarão seu estilo um tanto diferente do meu modo costumeiro de escrever. Espero que isto não venha a depreciar a essência do ensino bíblico encontrado aqui.

Como sempre, peço ao leitor que compare tudo o que digo ou escrevo ao que se encontra registrado na Bíblia, e, caso perceba um conflito em qualquer ponto, sempre fie-se no claro ensino das Escrituras.

David Pawson

REAVIVAMENTO OU REFORMA?

O tema *Completando a Reforma de Lutero no Século 21* me ocorreu numa época em que a Escandinávia estava em meu coração e eu fazia visitas frequentes à Finlândia e à Noruega. Naquele tempo, eu indagava: "Qual é a maior necessidade da Igreja na Escandinávia?". Há duas respostas possíveis para essa pergunta. Uma delas é "reavivamento"; a outra é "reforma". Essas respostas, contudo, nos levam a outra indagação essencial: "Em países onde a Igreja está em declínio, qual deve ser nossa oração e o que devemos fazer a respeito?". Percebo que os cristãos se dividem em dois grupos principais: os que estão esperando que *Deus* tome alguma providência [reavivamento] e os que acreditam que ele está esperando que *nós* façamos algo a respeito [reforma]. São duas abordagens distintas da presente situação que, de certo modo, resultam da angústia diante do evidente declínio de nossa influência na sociedade. Declaro aqui, logo no início, minha posição. Estou entre os que acreditam na *reforma*. Creio que Deus está esperando que *nós* façamos algo a respeito. Algo que pode ou não resultar em reavivamento. É possível que os dois aspectos estejam relacionados, mas, se de fato estiverem, eu diria que a reforma é a prioridade.

Participei de um encontro de oração pelo reavivamento da Igreja na Inglaterra. Durante três horas, oramos para que Deus agisse. A certa altura, um adolescente levantou-se e falou em profecia. Jamais me esquecerei desse momento. Com uma voz penetrante, esse jovem tímido – descobri mais tarde que ele era bastante reservado, do tipo que dificilmente se levantaria ou ergueria a voz para corrigir seus líderes – apenas colocou-se em pé e disse: "Assim diz o Senhor: 'Não reavivarei uma obra que não edifiquei'", e sentou-se outra vez. Aquele gesto transformou toda a reunião de oração, pois fora cheio da autoridade do Espírito. A palavra ecoou no local. Percebemos que, na verdade, estávamos pedindo a Deus que reavivasse o que *nós* mesmos havíamos edificado.

Deus estava nos dizendo que não reavivaria uma obra que não havia sido edificada por ele, e só posso crer que enquanto a Igreja deliberadamente desobedecer aos mandamentos do Senhor e continuar fazendo concessões em tantas áreas, não há razão para que ele atenda às orações por reavivamento. Esse é o meu problema. A condição de nossa nação é um reflexo da condição da Igreja, e devemos assumir a responsabilidade pelo que está acontecendo à nossa volta. Devemos ser sal e luz, mas precisamos reconhecer que não estamos à altura desse ideal. Temos negligenciado a palavra de Deus de tantas maneiras, que é praticamente um desaforo pedir ao Senhor que nos reavive.

Essa é a minha posição, e minhas palavras aplicam-se especialmente aos países em que a Igreja é institucionalizada. Refiro-me, portanto, à maior parte do norte da Europa. A Igreja da Inglaterra [Anglicana] perde mil membros semanalmente. Trata-se de uma hemorragia que a Igreja não tem condições de estancar. Não se trata apenas da perda quantitativa de membros, mas também qualitativa. Na Grã-Bretanha, como acontece na Noruega, enfrentamos o mesmo tipo de crise quanto ao casamento entre pessoas do mesmo sexo e quanto a todos os caminhos pelos quais a Igreja, lamentavelmente, quinze anos depois, aceita o padrão decadente do mundo, quando deveria estar conduzindo e direcionando pessoas a uma conduta elevada. Somos vistos, portanto, como aqueles que vagarosamente compactuam com o mundo, aceitando progressivamente [com o passar do tempo] seus padrões mundanos. Deveríamos liderar o caminho para o alto, afirmando: "Este é o caminho para uma sociedade saudável, feliz e santa; siga-nos". Aparentemente, contudo, estamos fazendo exatamente o oposto. Penso que Deus esteja profundamente entristecido com isso.

A Igreja Anglicana, é claro, diferente da Igreja institucionalizada da Noruega, é fruto de adultério e assassinato. Desde o início, seus alicerces estão comprometidos. Não é coincidência que uma igreja nascida do adultério do rei Henrique VIII tenha de enfrentar hoje questões referentes ao gênero e à sexualidade que podem vir a destruí-la. As rachaduras estão presentes desde o início e a liderança jamais demonstrou arrependimento ou sequer admitiu isso. Mas essa é a situação da Igreja na Inglaterra. A Igreja institucionalizada da Noruega, direta ou indiretamente, é fruto da Reforma de Martinho Lutero. Sei que ele nunca esteve na Noruega, mas suas ideias certamente chegaram lá.

Para a pergunta "Como a cabeça, no céu, se comunica com o corpo, na terra, ou o controla?", Lutero redescobriu uma resposta crucial. Creio que a Igreja está hoje numa condição espástica: o corpo não mais responde como deveria ao comando da cabeça.

Fui convidado para falar a 600 religiosos presentes no sínodo da Igreja Unida na Austrália que se reuniam em um auditório. Naquela ocasião, abordei essa questão. Disse: "Há duas maneiras pelas quais a cabeça da Igreja se comunica com seu corpo e o controla. Uma delas é a Bíblia, a outra é o Espírito. Esses são os meios usados por Deus para nos comunicar sua vontade. Se ignorarmos suas duas formas de comunicação – a Bíblia, que nos foi concedida por meio de sua revelação passada, e o Espírito, que nos comunica sua vontade no presente – temos um problema. Participei do sínodo durante todo o período da manhã, enquanto vocês discutiam a possibilidade de ordenar pastores homossexuais praticantes em sua igreja; nas três horas do debate, não ouvi qualquer citação bíblica ou uma única menção ao

Espírito. Vocês são um corpo espástico. Vocês agem de forma autônoma".

Bem, eu não estava preparado para a reação. De sobressalto, eles se colocaram em pé e começaram a gritar comigo. Levantaram seus punhos fechados em minha direção, e eu simplesmente passei por entre eles calado e me retirei do auditório. Foi uma experiência e tanto. Acho que virei manchete. Publicidade negativa, contudo, não traz prejuízo. Na realidade, não existe publicidade ruim. Não sou do tipo que faz rodeios. Onde quer que eu esteja, vou direto ao ponto! Anos atrás, contudo, fiz um voto ao Senhor. Prometi: "Senhor, eis aqui a minha boca, e o que o Senhor ordenar que eu diga, eu direi, sem me importar com as consequências". Fui sincero em minhas palavras.

Pela graça de Deus, consegui cumprir esse voto e essa promessa. Não é a melhor maneira de tornar-se um pregador popular, embora possa torná-lo um pregador conhecido! Mas é isso; eu sou assim. Creio que o Senhor busca homens e mulheres que abram a boca e falem a verdade, toda a verdade e nada mais que a verdade; a verdade como ela é, sem temer pessoa alguma, seja homem seja mulher. Esse medo pode ficar mais evidente, pude descobrir, em relação a pastores e esposas de pastores.

Lutero descobriu uma das formas pelas quais a cabeça se comunica com o corpo: a Bíblia. Seu princípio era: somente as Escrituras (*sola scriptura*). É esse princípio que confio a você. A afirmação de Lutero: "Minha consciência é cativa da palavra de Deus. Aqui estou; não posso agir de outra forma" equivale ao voto que fiz anos atrás, de que me dedicaria plenamente ao estudo da Bíblia. Esse esforço incluiria ler o máximo possível de interpretações contrárias, com o objetivo de ouvir outras opiniões. No entanto, quando chegasse à minha própria conclusão a respeito dos ensinamentos bíblicos, eu me dedicaria e ensiná-los, a qualquer preço.

E há um preço a ser pago por essa decisão. Mesmo assim, aqui estou. Creio que minha postura é a mesma de Lutero.

Foi com essa postura que Lutero extinguiu muitas tradições centenárias da Igreja em que crescera. Extinguiu as relíquias, as peregrinações, o purgatório, as indulgências, cinco dos sete sacramentos; ele estava decidido a aplicar o teste da *sola scriptura* (somente as Escrituras) a todas essas áreas e foi ousado o suficiente para modificá-las. Esse tipo de coragem é algo desesperadamente necessário na Igreja hoje. Percebo, contudo, que são poucas as vozes que se dispõem a dizer a verdade tal como ela é. Os pastores, em sua maioria, estão cientes de que fizeram concessões e o admitem abertamente. Entretanto, o receio de perder membros quando sua igreja já está encolhendo é um tipo de síndrome difícil de resistir.

Lutero, portanto, colocou a Bíblia acima da tradição. Creio que esse seja o chamado para os nossos dias. Temos tradições que surgiram na época da Reforma, há menos de 500 anos, porém elas também precisam ser reavaliadas à luz das Escrituras. O verdadeiro teste de nossa obediência ao Senhor é saber se estamos tão dispostos quanto Lutero a repetir o que ele fez nos dias de hoje.

Esta é a minha tese: Lutero não concluiu a Reforma. Ele não aplicou de forma consistente o princípio das Escrituras a tudo o que herdou da Igreja medieval. O chamado para os dias de hoje é completar o que ele começou. Descobri que, para alguns, isso é quase uma heresia. Sugerir que Lutero não teve a última palavra a respeito de algo, e que talvez não tenha concluído o que começou, é visto como uma heresia. Vou lhe mostrar, no entanto, dez áreas às quais Lutero não conseguiu aplicar o princípio das Escrituras. Cinco delas referem-se ao que pregamos, e as outras cinco estão relacionadas à forma como edificamos a Igreja. Creio que essas sejam, hoje, as dez áreas nas quais precisamos, assim como Lutero, agir como reformadores segundo a palavra de Deus, demonstrando a mesma ousadia.

Ele não precisou pagar o mais alto preço, como fez Jan Hus – de quem sou grande admirador – que, um século antes, fez o mesmo que Lutero, porém foi queimado vivo na cidade de Constança. Em Praga, Jan Hus deu início a uma reforma posteriormente subjugada pelos exércitos católicos, que travaram uma batalha contra os que se tornaram conhecidos como "hussitas". Tenho interesse pelo tema porque meu genro é tcheco e, juntamente com minha filha, comprou um hotel abandonado na cidade onde Jan Hus esteve, bem ao lado do museu a ele dedicado. O hotel foi restaurado e já hospedou o presidente da República Tcheca.

Adquiri um interesse genuíno por esse elo com Jan Hus e me tornei um grande fã, pois ele se dispôs a pagar o preço e, de fato, foi alto o preço que pagou. O sagrado imperador romano prometeu-lhe salvo-conduto até o julgamento, onde ele foi declarado culpado de heresia e condenado à morte na fogueira. Quando Hus apelou ao imperador dizendo: "O senhor me prometeu salvo-conduto se eu viesse a julgamento", a resposta foi: "Prometi salvo-conduto até aqui, mas não salvo-conduto para retornar para casa". A reforma de Hus, portanto, o levou à morte.

Lutero não se sentia totalmente à vontade com todos os livros da Bíblia; essa foi uma das causas de sua falta de consistência e dificuldade de concluir a Reforma. Como você deve saber, Lutero se especializou nos textos de Paulo. Sentia-se pouco confortável com a epístola de Tiago, por razões que discutiremos adiante. Ele a chamou de "carta de palha". Também não se sentia muito à vontade com o livro de Apocalipse; na verdade, expressou a opinião de que o livro não deveria, de forma alguma, estar na Bíblia. Lutero, portanto, privaria a Igreja de sua escatologia e de sua esperança para o futuro. Como eu disse, no entanto, mais à frente abordarei esse tema em mais detalhes. A primeira limitação de Lutero era o fato de não aceitar todos os livros da Bíblia. O princípio "somente as Escrituras", portanto, foi transigido desde o início. Lutero foi incapaz de perceber o equilíbrio entre todos os livros da Bíblia ou até mesmo entre todos os livros do Novo Testamento.

A segunda falha, que é resultado da primeira, foi a dificuldade que teve de aplicar as Escrituras a todas as áreas da vida cristã e da vida da Igreja de sua época. Lutero não tocou em algumas áreas. Creio que Deus nos chama hoje (e vou lhe apresentar razões para acreditar nisso) para completar a Reforma e aplicar toda a Bíblia a todos os aspectos da nossa vida cristã, a toda nossa pregação e à estrutura de nossa igreja como um todo.

Começarei, portanto, com uma contribuição positiva: a grande descoberta ou redescoberta de Lutero que tem afetado todas as igrejas protestantes e, indiretamente, também a Igreja Católica desde então foi a justificação pela fé. Seguramente, será algo lembrado até o retorno de Cristo. Trata-se de sua maior contribuição. É a resposta à pergunta fundamental: "Como ser humano, de que maneira posso iniciar um relacionamento correto com Deus, visto que ele é justo e eu, certamente, não vivo segundo seus padrões?". Essa é a pergunta básica. Em outras palavras: "O que devo fazer para ser salvo?". E em palavras ainda mais simples: "Como faço para me tornar cristão?". A resposta de Lutero estava nessa redescoberta da doutrina da justificação pela fé: Deus deseja me declarar justo e encerrar meu caso, o que, obviamente, para um Deus justo, configuraria um ato absolutamente injusto. Para um Deus justo, seria impossível *ignorar* o pecado e dispor-se a esquecê-lo.

Logo após o tsunami de 2004, estive num programa da TV britânica para responder a pergunta: "Por que Deus permite os desastres naturais?". Entre outras coisas, eu disse: "Para

Deus, é impossível perdoar o pecado". Fiz uma pausa; uma longa pausa. Certa senhora me escreveu posteriormente dizendo que pensou: "Agora David Pawson passou dos limites. Ficou maluco ou insano". Após a pausa, contudo, eu disse apenas: "Até que esse pecado seja pago". Quando acrescentei essa frase, aquela senhora disse que caiu em prantos e, chorando de alegria, agradeceu ao Senhor. Um Deus justo não pode perdoar o pecado até que o preço do pecado tenha sido pago. Essa é a verdade que Martinho Lutero realmente descobriu: que Deus pode nos considerar justos, como se jamais tivéssemos pecado, mas somente com base na morte de Jesus Cristo e sua obra expiatória.

Essa foi a principal verdade descoberta por Lutero. No entanto, ele estava inclinado a torná-la a visão básica da salvação. Ele não a considerava apenas o princípio da salvação, mas também seu meio e seu fim, tornando-a o único elemento necessário para chegar ao céu. Essa visão tem perseguido as igrejas protestantes desde então. A ênfase excessiva em uma única doutrina sempre afetará de forma negativa as outras, pois a salvação cristã e a doutrina do Evangelho como um todo dependem de características que se interconectam. A ênfase excessiva em uma delas desequilibra todas as outras. Creio que foi o que aconteceu.

Lutero não era o papa e, na verdade, ficaria horrorizado se fosse visto dessa forma, mas é impressionante o número de pessoas que o consideram um mestre infalível. Eu disse certa vez a um sacerdote católico: "Admiro a Igreja Católica por ter um único mestre infalível. Nós, protestantes, temos centenas, se não milhares, e quando seguimos um mestre, costumamos considerá-lo infalível".

A propósito, peço que não acredite em uma só palavra que eu disser ou escrever, a menos que você mesmo a encontre em sua Bíblia. Essa é minha garantia. Assim, quando você encontrar na Bíblia tais ensinamentos, não saia por aí dizendo: "Sabe o que David Pawson ensina?", mas sim: "Sabe o que a Bíblia diz?". Através do meu ministério, não desejo produzir pessoas que repetem frases de um professor, mas que citam trechos da Bíblia, pois é muito fácil colocar um mestre contra o outro; vira um jogo, do qual não quero fazer parte.

Vamos avaliar três ou quatro efeitos de tal ênfase excessiva na justificação pela fé e sua implicação em algumas das principais doutrinas bíblicas relacionadas à salvação. Neste capítulo, estou abordando a salvação individual (mais adiante lidaremos com as questões da Igreja). Hoje, contudo, preocupa-me o Evangelho da salvação que pregamos. O primeiro efeito significativo foi colocar o foco da nossa pregação na morte de Cristo e não na sua ressurreição. Essa questão é fundamental, pois é possível que estejamos tão envolvidos com essa prática que não percebemos o que ocorreu.

Vamos situar os fatos em um cenário mais amplo. Na Idade Média, o catolicismo era obcecado pela crucificação. Se você fosse a uma igreja católica, praticamente veria a imagem de um Jesus morto. Ao longo das paredes, você encontraria as 14 estações da cruz (via sacra). Haveria também um grande crucifixo com um Cristo morto pendurado. É provável que a única imagem de uma pessoa viva fosse a estátua de Maria, sorrindo e olhando em sua direção. Em toda a sua volta, Jesus é uma figura morta, enquanto Maria é a pessoa viva. Não é de se estranhar que os católicos mais ingênuos orem para Maria, pois a veem viva enquanto Jesus está morto: "Sim, foi ele quem morreu por nós. Mas ele está morto, enquanto Maria está viva; oremos a quem está vivo".

Tive oportunidade de ministrar na Finlândia, um país em um contexto certamente singular. A Finlândia foi invadida pelos suecos, que trouxeram o luteranismo, e pelos russos, que trouxeram a ortodoxia. Certa ocasião, em uma visita ao país, eu disse ao meu guia: "Gostaria de conhecer o interior daquelas duas catedrais". Ele indagou o motivo. "Bem", eu lhe disse, "em uma delas eu espero ver morte, e na outra, vida. O cristianismo ocidental, desde a grande cisão em 1054, tomou rumos opostos. As igrejas ocidentais costumam dar destaque à morte e à cruz em sua pregação e adoração, enquanto as igrejas ortodoxas orientais destacam a ressurreição".

Fiquei chocado quando entrei na catedral luterana. Havia uma enorme pintura a óleo acima do altar (ou deveríamos chamar de mesa?). O quadro tinha três metros de altura e retratava Cristo como um defunto. Não era o Cristo morrendo na cruz, mas um corpo sem vida – frio, acinzentado, quase azul. Morto. Eu jamais havia visto uma pintura que o mostrasse tão morto. Entrei então na igreja ortodoxa e disse: "E o que espero ver aqui são muitos ícones ou pinturas de Jesus vivo, olhando para as pessoas". O que vi, contudo, foi ainda melhor. O ícone de maior destaque, bem ao centro, era uma enorme pintura da ascensão de Jesus, que, enquanto subia, olhava com amor e compaixão para a raça humana que ali deixava. Era um lindo quadro. A propósito, uma senhora me entregou um típico símbolo ortodoxo [pintura]. Não é um Cristo à beira da morte, mas um Cristo vivo. É por essa razão que em Moscou, no domingo de Páscoa, todos se saúdam com as palavras: "Cristo ressuscitou!". E a resposta vem prontamente: "Ele ressuscitou de fato!". Para eles, o ponto central do Evangelho é o domingo de Páscoa e não a sexta da Paixão.

Essa tem sido uma das diferenças entre as igrejas orientais e ocidentais desde 1054. De certa forma, Lutero não se preocupou em corrigi-la, pois de fato somos justificados pela morte de Cristo. O pregador ou evangelista ocidental típico dos dias de hoje, portanto, citará um versículo, ou melhor, usará de forma inapropriada um versículo que é resultado de uma tradução ruim: "Pregamos a Cristo crucificado". O texto grego afirma: "Pregamos a Cristo *que foi* crucificado", o que altera todo o sentido do versículo. Estamos pregando um Cristo vivo, que foi crucificado. O mais importante, contudo, é que ele está vivo e não morto.

Lembro-me de outros versículos. Paulo, em Romanos, por exemplo, afirma: "Como agora fomos justificados por seu sangue, muito mais ainda seremos salvos da ira de Deus por meio dele!" [de sua vida]. Trata-se de uma ênfase que não observo na pregação ocidental. "A cruz, a cruz, a cruz, ele morreu por você; levou os seus pecados" – é tudo verdade, mas não ouço com frequência pregações sobre a ressurreição como a parte fundamental do Evangelho. Se você estudar a pregação apostólica em Atos, perceberá que seu ponto central era a ressurreição. Sim, eles mencionavam a morte de Cristo. No livro de Apocalipse, lemos: "Vi um Cordeiro, que parecia ter estado morto, de pé, no centro do trono". Não se trata de um cordeiro morto. É um cordeiro que foi morto e parece ter estado morto, mas está muito vivo, em pé, à direita de Deus.

Faço menção a essa questão porque, se toda nossa salvação depender da justificação, ela, inevitavelmente, nos manterá na cruz. Paulo afirmou: "Se Cristo não ressuscitou, vocês ainda estão em seus pecados". Em outras palavras, sem a ressurreição, a cruz nada pode fazer por você. Esse pensamento é desconhecido de muitos ocidentais porque, como protestantes, embora não tivéssemos crucifixos, ainda tínhamos a cruz, mesmo que vazia. Era o símbolo da nossa fé em nosso Evangelho, e ainda é. A pregação de Atos, no entanto, centrava-se na ressurreição, que, de fato, é o fundamento da nossa fé, pois se Cristo não ressuscitou dos mortos, enganamos a nós mesmos e a todos os outros; e, amanhã mesmo, devemos fechar todas as igrejas, pois elas se fundamentam na maior fraude da história. Essa é a primeira área em que Lutero não conseguiu aplicar o princípio das Escrituras. Trata-se de uma ênfase diferente, não de uma mudança radical. Eu creio, todavia, que desejamos ser conhecidos como os que pregam um Jesus ressurreto, um Jesus que subiu aos céus. É grande o número de pessoas que pensam: "Jesus vive em meu coração". Elas foram instruídas a convidar Jesus a morar em seu coração; não sabem que ele está à direita do Pai. Se ele não estivesse no céu, ninguém poderia ser batizado no Espírito Santo, afinal, trata-se de algo que ele nunca fez enquanto esteve aqui. E não poderia fazê-lo. Foi necessário que ele voltasse ao céu e recebesse a promessa do Pai antes que pudesse batizar qualquer pessoa. Para nossa salvação, somos absolutamente dependentes do Cristo que subiu ao céu.

Tenho alergia à tenebrosa expressão "a obra consumada de Cristo na cruz". A obra foi consumada no que se refere à expiação, mas está longe de ser a obra consumada de Jesus. A ressurreição, a ascensão e a volta de Cristo fazem parte da nossa salvação. Ainda não sou salvo; estou na expectativa de ser salvo. Estou a caminho da salvação, e isso é maravilhoso. Voltaremos a esse ponto daqui a pouco. Essa, portanto, é a primeira mudança de ênfase que creio que devemos aplicar: o ponto central da nossa pregação não é a cruz, mas sim a ressurreição, o Cristo vivo, que subiu ao céu. Graças a Deus, a cruz faz parte desse processo, mas a obra da salvação não acaba na cruz. A partir da cruz, há um longo caminho a percorrer.

Creio também que, em sua ansiedade de pregar contra a justificação pelas obras, Lutero reduziu a fé, e até o arrependimento, a uma atitude passiva e não uma ação positiva. Nos dois casos, o Novo Testamento mostra que o arrependimento e a fé são ações absolutamente necessárias para nossa salvação. Ambos são definidos no Novo Testamento em termos de obras, em termos de feitos, em termos de ações. Creio que Lutero estava tão ansioso para eliminar qualquer pensamento de justificação pelas obras – uma ideia reproduzida em tantas pessoas pela Igreja medieval – que não conseguia aceitar, por exemplo, Tiago 2, que diz: "A fé, por si só, se não for acompanhada de obras, está morta" [não pode salvar].

É evidente que aqui ocorreu um simples mal-entendido: Paulo e Tiago usaram a palavra "obras" com acepções diferentes. A palavra "obras" tem muitos sentidos distintos na Bíblia. "Obras" significa basicamente ações, mas Paulo, sempre que menciona o termo, refere-se às obras da *lei*. Tiago não; ele estava referindo-se às obras da *fé*. Na verdade, antes disso, o Novo Testamento nos chama às obras de arrependimento. Ambas são ações efetivas da parte dos seres humanos, possibilitando que se apropriem da obra salvadora de Cristo. Essa sempre foi a ênfase. Hoje, temos uma espécie de fobia em relação às obras que não condiz com o uso da palavra em qualquer conexão com a salvação.

Vamos expandir um pouco mais o tema. Arrependimento: João Batista foi a primeira pessoa do Novo Testamento a usar essa palavra. Ele foi enfático: "Produzi, pois, frutos dignos de arrependimento" [ARA]. Perguntaram-lhe: "O que está querendo dizer?". Ele então deu detalhes de ações, para que pudessem entender. Disse ele: "Se você estiver defraudando alguém, coloque em ordem suas finanças". João colocou em detalhes práticos o que é arrependimento. Trata-se de uma ação. Começa com uma mudança de atitude. Passa do pensamento à palavra, quando confessamos nossos pecados, resultando numa ação, quando nos afastamos de nossos pecados e endireitamos o que está errado. Observamos, portanto, que a ideia de arrependimento como sendo algo realizado por nós, não a fim de que alcancemos ou mereçamos a salvação, mas para que a recebamos, foi prejudicada (é assim que entendo o Novo Testamento).

Serei bem prático aqui. Fui procurado há algum tempo por um jovem que tinha a aparência de um porco-espinho e chegara em uma motocicleta de guidão do tipo "seca sovaco" e espelhos retrovisores. Ele usava uma jaqueta de couro escuro coberta com rebites metálicos. Tocou a campainha e eu lhe perguntei:

— Oi, Paul. Como posso ajudá-lo?

— Quero conversar.

— Tudo bem, pode entrar — convidei. Ele entrou e se acomodou em uma de nossas poltronas, que ainda traz as marcas dos rebites metálicos. Perguntei:

— Sobre o que deseja conversar, Paul?

— Quero ser batizado — disse ele.

— Você sabe como batizamos as pessoas aqui?

— Sim, vocês afundam as pessoas na água.

— Então, você quer que eu o afunde na água?

— Quero.

— Paul, você sabe o significado da palavra "arrependimento"? — perguntei.

— Não. Nunca ouvi — ele respondeu.

— Bem, quero que você faça uma coisa. Vá para casa e faça a Jesus uma única pergunta: "Há algo em minha vida que não lhe agrada?". Quando ele responder, abandone esse comportamento e volte aqui — expliquei.

Três semanas depois, ele tocou a campainha da minha casa.

— Pois não, Paul? — atendi.

— Veja — disse ele.

— Ver o quê?

— Parei de roer as unhas.

— Certo, Paul, agora eu vou batizá-lo. Foi o que fiz, e ele nunca voltou atrás. Estava me provando seu arrependimento; estava preparado para abandonar qualquer comportamento que Jesus reprovasse, não importava o que fosse.

REAVIVAMENTO OU REFORMA?

Muitas pessoas que conheço foram batizadas sem que lhes fosse pedida qualquer prova de arrependimento. Não batizo pessoas com base na profissão de fé, mas com base no seu arrependimento. Paulo disse: "Não fui desobediente à visão celestial. Preguei...". Você conseguiria escrever o restante das palavras de Paulo? Jamais conheci um cristão capaz de fazê-lo. Paulo disse: "Preguei também aos gentios, dizendo que se arrependessem e se voltassem para Deus, praticando obras que mostrassem o seu arrependimento". Nunca ouvi uma pregação sobre esse tema: prove seu arrependimento praticando obras que comprovem que está arrependido. Você encontra essa afirmação em Atos 26. Não, eu nunca falo o capítulo e o versículo. Essa divisão não foi inspirada pelo Senhor. Digo apenas: "Procure no livro de Atos". Quero que as pessoas examinem as Escrituras, e não que procurem uma referência.

Arrependimento, portanto, é algo que precisamos *fazer*. Frutos dignos de arrependimento produzem evidências – arrependimento demonstrado por meio de seus atos. A fé, portanto, não é algo que pensamos, falamos ou sentimos, mas é algo que fazemos. Quando nossos três filhos eram pequenos, fazíamos com eles um jogo chamado "Fé", para que aprendessem sobre a fé. Eles subiam aproximadamente cinco degraus na principal escada de nossa casa. Eu permanecia no pé da escada, com as mãos para trás e eles perguntavam: "Papai, se a gente pular, você vai nos segurar?". Eu respondia: "Pode ser que sim, pode ser que não. Não vou prometer nada". Eles permaneciam ali, ansiosos, ponderando se deveriam se lançar. Creio que fosse o equivalente ao *video nasties* da década de 1980.[1] Então, o primeiro pulava e eu o segurava. Com isso, os outros dois

---

[1] Nota de Tradução (NdT): *Video nasties* refere-se a uma série de filmes em VHS, distribuídos no Reino Unido, na década de 1980, caracterizados principalmente pelo conteúdo violento.

se sentiam confiantes e também pulavam, e eu os segurava.

Eles adoravam essa brincadeira chamada "Fé". O que eu estava tentando lhes ensinar era: "Você não pode dizer que tem fé em mim se não saltar. Não sei se você realmente confia em mim se não fizer algo para provar que confia". É exatamente a forma como Tiago descreve a fé, no capítulo 2 de sua carta. Considere a fé de Raabe, a prostituta, ou a fé de Abraão, descrita em Hebreus 11, o capítulo dos heróis da fé; em cada caso, a fé foi traduzida em uma *ação*. Noé creu e construiu uma arca. Fé era algo que faziam, um risco assumido. Eles estavam correndo um risco e teriam sofrido algum dano se a fé não operasse um milagre.

Certa piada que circulava nas igrejas da Inglaterra conta de um homem que atravessava um campo em uma noite escura e enevoada. Sem conseguir enxergar o penhasco que havia na extremidade do campo, ele caiu e, enquanto despencava em um vale profundo, conseguiu segurar-se em uma árvore que havia nascido na escarpa. O homem segurou-se na árvore com as duas mãos e, ali pendurado, envolto em escuridão e neblina, tentava imaginar a que distância estaria a base do penhasco. Erguendo a voz, indagou:

— Tem alguém aí?

Das nuvens, uma voz profunda respondeu:

— Sim, meu filho, estou aqui.

— Pode me tirar daqui? — perguntou o homem.

— Sim — foi a resposta.

— O que devo fazer?

— Solte-se da árvore — instruiu a voz.

—Tem mais alguém aí?

Isso é fé. É correr o risco. É fazer algo que demonstre que você confia. Eu estava pregando em uma grande igreja na Alemanha, que ficava em um edifício novinho, no centro de uma grande cidade. De repente, perguntei: "Quantos de vocês nesta congregação acreditam em mim?". Houve um longo silêncio e, então, aproximadamente cinco mãos se ergueram, entre elas a de uma senhora muito bem vestida que estava sentada na primeira fileira. Perguntei em seguida: "Quantos de vocês acreditam que eu existo?". Todos ergueram as mãos. Perceba que se você souber usar as palavras, terá uma resposta mais abrangente ao apelo! Mas eu disse: "Vocês todos acreditam que eu existo, mas somente cinco entre vocês afirmam que acreditam em mim. Mesmo entre esses cinco, não sei se realmente acreditam. Eles professaram sua fé em mim, mas não sei se creem, de fato".

Apontei para a elegante senhora sentada na primeira fileira. Jamais pregue diretamente a um indivíduo na congregação, nunca funciona! Eu lhe disse: "A senhora ergueu a mão; então acredita em mim". E continuei: "Não sei se acredita de fato. Mas a senhora disse que sim". Então lhe disse: "A senhora deixaria todo o seu dinheiro sob meus cuidados? Se fizesse isso, eu teria certeza de que acredita mesmo em mim. A senhora teria provado por meio uma ação; e eu saberia que confia em mim". Fez-se um silêncio mortal no local. Ninguém sorriu, e o gelo na atmosfera era praticamente palpável.

Mais tarde, perguntei ao pastor: "Por que todos congelaram quando fiz aquela afirmação?".

Ele explicou: "Ela é a senhora mais rica da cidade. Seu marido era dono de muitas propriedades e, quando morreu, deixou para ela toda a sua fortuna". Entendi que ela havia doado todo o dinheiro necessário para a construção do novo edifício da igreja. Receio, portanto, que esse trecho de homilética em especial tenha sido um grande fracasso.

O ponto que eu desejava enfatizar, contudo, estava absolutamente certo. O Senhor está nos dizendo: "Como posso saber se você acredita em mim?". Você diz que crê no Senhor, mas não crê de fato até que corra riscos, até que faça algo que será um desastre se ele não estiver presente.

Pense nisso. É por isso que Raabe, a meretriz, a prostituta de Jericó, vinculou seu futuro ao povo de Israel e ao Deus de Israel. Que risco estava correndo! Se o povo de Jericó descobrisse sua verdadeira atitude, ela certamente morreria.

Considere Abraão, que ofereceu Isaque. Que grande risco correu. Sabemos que ele tinha fé, pois acreditava que Deus ressuscitaria Isaque dos mortos, apesar de não haver até aquela época relatos de que Deus podia ressuscitar pessoas. No entanto, foi nisso que ele creu. Ele correu o risco de preparar-se para matar seu filho, porque tinha fé que Deus o ressuscitaria dos mortos. É o que a Bíblia nos diz. Quando deixou seus servos ao pé da montanha, Abraão disse: "Meu filho e eu subiremos a montanha", e continuou: "depois de adorarmos, voltaremos".

Tiago diz que Raabe e Abraão provaram sua fé por seus atos. Era uma fé *ativa*. Através de suas atitudes, eles realmente provaram que confiavam no Senhor. Essa visão muito ativa de arrependimento e fé, contudo, tem sido substituída por fé e arrependimento mentais, interiores, que podem chegar às palavras, mas não se manifestam em ação. Em minha opinião, se há algo que os evangelistas estão deixando de fazer, é ajudar as pessoas a se arrepender *de fato* e corrigir o que deve ser corrigido. Esse é meu segundo ponto.

Preguei por três dias em uma cruzada evangelística em Aberdeen, na Escócia. Na década de 1980, a cidade desenvolveu-se como ponto de ligação às plataformas petrolíferas do mar do Norte. Todos os anos, eu costumava participar de uma cruzada evangelística a fim de comprovar que realmente não sou um evangelista! Isso é bom. O Senhor ainda me constrange com algumas conversões, mas, mesmo assim, não sou evangelista. Descobri que o segredo de servir ao Senhor com alegria é viver nos limites de suas capacidades e não tentar ser o que ele não o capacitou a ser. Ocasionalmente, contudo, ainda encaro cruzadas evangelísticas. As pessoas ainda se convertem, e ninguém fica mais surpreso do que eu.

Na segunda noite da cruzada, no auditório em Aberdeen, uma jovem dirigiu-se a mim. Estava chorando e tinha as faces vermelhas. Ela tremia; era evidente que estava profundamente perturbada.

— Sr. Pawson, — disse ela — o senhor me deixa frustrada.
— Por quê? Como? — perguntei.
— O senhor me fez desejar ser cristã — respondeu a jovem.
— Mas foi justamente para isso que vim aqui — retruquei — É por essa razão que estou aqui. Algo errado com isso?
— Durante 18 meses tentei ser cristã. Fui à frente a cada apelo feito em todos os encontros evangelísticos, inclusive na cruzada de Luís Palau, o evangelista sul-americano. Recebi aconselhamento. Frequentei aulas. Fiz tudo o que me disseram, mas nada mudou. Nada aconteceu. Então, desisti. Há algumas semanas, disse a mim mesma: "Não existe nada nesse cristianismo para mim". Mas um amigo me convenceu a vir à reunião hoje e o senhor despertou tudo outra vez. Fez com que eu desejasse ser cristã. Eu tentei. Fiz tudo o que me disseram.

Pedi ao Senhor uma palavra de conhecimento, então olhei nos olhos dela e perguntei:

— Com quem você vive?
— Com meu namorado — ela respondeu.
— Vocês são casados? — indaguei.
— Não.
— Estão vivendo como se fossem casados?
— Sim.
— E por que não são casados? — insisti.
— Ele não acredita em casamento. Diz que é apenas um pedaço de papel; o importante é que nos amamos.

— Bem — continuei — se ele deixá-la amanhã, não estará quebrando nenhuma promessa, pois jamais fez promessa alguma.

— Ele não vai me deixar — disse ela — ele me ama muito.

Então, adverti:

—Você tem uma decisão muito difícil a tomar. Gostaria de tomar essa decisão em seu lugar, mas não posso. Você precisa decidir com qual homem deseja viver – Jesus ou esse jovem – mas não pode viver com os dois. Jesus não fará parte desse tipo de acordo.

A jovem ficou realmente irada e respondeu:

— Ninguém me disse para fazer isso.

— Mas estou tentando ajudá-la — expliquei.

Adoraria afirmar que ela tomou a decisão correta e foi salva de forma gloriosa. Porém não posso fazer essa afirmação. Ela saiu correndo do local, soluçando de tristeza.

No instante em que saiu, entendi como o Senhor Jesus se sentiu quando o jovem rico o deixou. Jesus estava lhe dizendo: seu dinheiro ou eu. Para aquele homem, tratava-se de uma escolha que ele não poderia fazer, e ele partiu com o coração triste. Com aquela jovem, senti o que Jesus sentiu. Às vezes ficamos tão ansiosos pela conversão de alguém que baixamos o padrão do arrependimento. Aquela jovem não fora ensinada a arrepender-se. Havia sido instruída a receber Jesus em sua vida. Havia aprendido as palavras certas, a oração do pecador e todo o resto, mas jamais fora ensinada a arrepender-se.

Entre arrependimento e fé, eu diria que o arrependimento é o mais negligenciado no evangelismo moderno. Presumimos que pode ficar para depois. Na verdade, já ouvi quem defendesse a seguinte estratégia: "Primeiro conduza-os à fé e depois eles podem se arrepender". Essa jamais foi a ordem no Novo Testamento. A ordem sempre foi: *arrependa-se* e creia. Você se arrepende, mas não para Jesus. Você *se arrepende diante de Deus* e depois *crê em* Jesus. Trata-se do Deus cujas leis você desobedeceu. É o Deus cuja ira você suscitou. É o Deus cujo amor você rejeitou. É o Deus cujo juízo você mereceu. Não acredito em falar de Jesus às pessoas antes que elas percebam a necessidade de se acertar com Deus. Somente então Jesus faz sentido, pois ele veio para solucionar o problema.

Percebo, portanto, que o entendimento de Lutero a respeito da fé e do arrependimento era excessivamente passivo. Tão grande era seu temor de que as pessoas acreditassem ser possível conquistar ou merecer a salvação, que ele extinguiu qualquer alusão a ações que partissem de nós mesmos. No entanto, Paulo se referia às obras de arrependimento e às obras de fé quando instruiu as pessoas a *obedecer ao Evangelho*. É uma afirmação extraordinária. Em 2Tessalonicenses 1, ele fala sobre pessoas que são julgadas por não obedecer ao Evangelho. Não são julgadas por não aceitar o Evangelho, tampouco por não crer nele, mas são julgadas por não *obedecer ao Evangelho*.

Toda essa ênfase do Novo Testamento na fé e no arrependimento que *resulta em ação* não é, de forma alguma, para ressaltar o mérito ou merecimento próprio. É o caminho para que nos apropriemos da salvação que é nossa. Vemos, portanto, essa aparente contradição entre Paulo e Tiago, que, se prestarmos bastante atenção, não se trata, de forma alguma, de uma contradição, mas de dois aspectos do mesmo elemento que devem ser mantidos juntos e tornar a ação uma parte importante do processo.

Passamos então ao terceiro ponto. Lutero, com seu enfoque na justificação pela fé, deixou duas impressões que precisam ser revistas. A primeira delas é a ideia de que a salvação ocorre em um único momento [ou ocasião]. Sim, a *justifica*ção ocorre em um momento apenas, mas a salvação é um processo; não acontece num instante. A ênfase de Lutero, contudo, era: "Você é justificado em um momento, e o céu é seu no momento seguinte. Agora você tem segurança eterna em Cristo". Essa afirmação dá a impressão de que a salvação acontece em uma única ocasião. O resultado disso, invariavelmente, é que os evangélicos usam a palavra "salvo" com um verbo no passado. "Fui salvo há 20 anos" é o que me dizem ou "sete pessoas foram salvas na igreja, no último domingo". Sempre os corrijo dizendo: "Você *começou* a ser salvo há 20 anos. Sete pessoas *começaram* a ser salvas domingo à noite", porque a salvação não se dá num momento; a justificação sim, porém não a salvação. Trata-se de um processo que pode levar toda uma vida e mais um pouco. Como eu lhe disse, ainda não sou salvo, mas estou no processo.

O que os estudiosos sabem perfeitamente bem e os pregadores deveriam ensinar suas congregações é que o verbo "salvar" no Novo Testamento aparece em três tempos verbais: passado, presente e futuro. Fomos salvos; estamos sendo salvos; seremos salvos. A maioria das ocorrências está no futuro: seremos salvos. Toda a ênfase no Novo Testamento é que estamos na expectativa de ser salvos. Vamos examinar uma ou duas passagens.

Vejamos, como exemplo, um texto de Romanos. Paulo afirma: "Nossa salvação está mais próxima do que quando cremos". Mas o que isso significa? Muitos pregadores costumam dizer: "Ah, mas fui salvo na primeira vez em que tomei a decisão de seguir Cristo. Estou salvo. Fui salvo naquela ocasião". Na verdade, essa pessoa começou a ser salva. Infelizmente, temos a impressão de que "ser salvo" refere-se à "salvação do inferno". O Evangelho, portanto, torna-se um tipo de apólice de seguro contra incêndios. Mas Jesus não veio para nos salvar do inferno. Esse é apenas um bônus. Seu nome é Jesus porque ele veio nos salvar de nossos pecados; todos eles, no plural.

Em outras palavras, a salvação deve nos tornar perfeitos, sem pecado, livres de qualquer resquício da Queda, e restaurar de forma perfeita a imagem de Deus em cada um de nós. Isso é salvação. Minha esposa, por exemplo, tem uma enorme fé. Ela é muito segura a respeito da maioria das questões relacionadas à fé, mas há certa afirmação minha que ela demonstra muita dificuldade em acreditar. É quando eu lhe digo que, um dia, o marido dela será perfeito. Sua resposta é: "Se eu fundamentasse minha fé na experiência, não conseguiria acreditar, mas vou tentar firmá-la na palavra de Deus, que afirma que aquele começou a boa obra em mim a completará". No entanto, eu também preciso acreditar que um dia minha esposa será perfeita. Eu a relembro disso, embora admita que o Senhor tem comigo uma tarefa mais difícil do que com ela.

Ainda assim, ser salvo é tornar-se perfeito. Esse pensamento vem do Novo Testamento. Começa com a justificação, quando Deus nos trata como se fôssemos justos, quando a justiça nos é *imputada*. Esse, contudo, é apenas o início. A tarefa seguinte, que leva muito tempo, é quando ele *concede* sua justiça a nós, tornando-nos justos, não apenas de nome, mas de fato. Esse processo pode levar toda uma vida de fé. Estaremos completos, eu creio, somente quando Jesus retornar e pudermos vê-lo como ele é. Então seremos como ele. Isso é salvação.

A outra impressão deixada pela definição da salvação em termos de justificação é a ideia de que "uma vez salvo, salvo para sempre". Sem rodeios, eu diria que esse clichê "uma vez salvo, salvo para sempre", que, por sinal, não se encontra na Bíblia, tem causado mais dano à busca por santidade na vida cristã do que qualquer outra coisa. Em vez de seguir em frente, rumo ao alvo, todos se firmam em uma decisão passada, uma experiência passada, simplesmente porque ouviram "uma vez salvo, salvo para sempre".

Minha definição de "salvo" sequer inclui "uma vez salvo". No dia em que a imagem de Deus for restaurada em mim de forma permanente, exclamarei bem alto para que todo o céu possa ouvir: "Uma vez salvo, salvo para sempre", pois será finalmente verdade, eu estarei salvo. O texto bíblico afirma que "fomos justificados", e não "salvos". Creio que essas duas impressões ou ideias – a salvação que acontece em um único momento e que, assim que obtida, não se pode perder – estejam causando grande dano.

Cristãos que vivem abertamente em adultério me procuram e dizem: "Está tudo bem; eu ainda vou para o céu. Ainda sou salvo; não quero que se preocupe comigo". Eu respondo: "Você percebe que está colocando em risco todo o seu futuro? Você acredita que Deus condenaria um incrédulo por fazer o mesmo que você, crente, está fazendo, mas que você estaria livre de condenação?". Deus não tem favoritos. Seu juízo é absolutamente justo. Devemos todos nos apresentar diante do trono do juízo de Cristo para receber segundo o que tivermos feito por meio do corpo. A ideia "uma vez salvo, salvo para sempre", no entanto, está arraigada em muitos cristãos. Uma vez justificado, aqui está sua passagem para o céu. O futuro está absolutamente garantido.

Penso que devemos examinar a questão com cuidado. Escrevi um livro intitulado *Once Saved, Always Saved?* [Uma vez salvo, salvo para sempre?] – observe o ponto de interrogação. Nesse livro, faço referência a 80 passagens do Novo Testamento que nos exortam a não perder nossa salvação. Elas afirmam que a salvação é um processo, e esse processo pode ser interrompido e até completamente suspenso, sem jamais ser concluído. Essa é minha compreensão da Bíblia. Se você pensa diferente, peço que examine com atenção o Novo Testamento. Essas 80 passagens são alertas de todos os autores do Novo Testamento, e cada um deles afirma em suas próprias palavras o alerta: Não perca o que você encontrou em Cristo.

Selecionando apenas algumas entre essas 80 passagens, Jesus diz, no Evangelho de João [parafraseado]: "Eu sou a videira verdadeira; permaneçam em mim. Continuem em mim; vivam em mim". A parte mais simples é "permaneçam em mim" – pois, em nós mesmos, não temos a vida eterna. Nós a temos em Cristo. A vida eterna não está nos ramos, mas na videira. Se eu permanecer na videira continuarei a ter a vida eterna. E se eu deixar a videira? Jesus disse que os galhos que não permanecem na videira secam. São infrutíferos, são cortados e queimados. Há um relacionamento com a videira que significa "vida eterna contínua". Mas a vida está *nele*, não em mim. João afirma: "Essa vida está no Filho". Quem estiver no Filho tem [e continua tendo] a vida e quem não estiver no Filho não tem [e continua não tendo] a vida.

A tradução correta de João 3.16 deveria ser: "Da mesma maneira [ver versículo anterior], Deus amou o mundo e deu o seu Filho Unigênito, para que todo o que continuar crendo nele não pereça, mas continue tendo a vida eterna". Essa tradução muda sua percepção do versículo? Estou traduzindo do grego. Os primeiros dois verbos do texto estão no tempo aoristo, que se refere a um evento isolado: quando ele amou o mundo, quando ele deu seu Filho. Os dois outros verbos, contudo, estão no presente contínuo, portanto: quem continuar crendo em mim continuará tendo a vida eterna.

João escreveu seu Evangelho para cristãos. O quarto Evangelho não deve ser apresentado a incrédulos. Foi escrito para cristãos maduros, que conhecem o Senhor há anos, a fim de que continuem crendo que Jesus é divino, pois em Éfeso, onde foi escrito, havia pessoas como Cerinto, que ensinava sobre um Jesus mais semelhante ao Jesus das Testemunhas de Jeová. João, portanto, afirma: "Jesus realizou na presença de seus discípulos muitos outros sinais miraculosos, que não estão registrados neste livro. Mas estes foram escritos para que vocês possam continuar crendo que Jesus é o Cristo, o Filho de Deus, e se continuarem crendo continuarão tendo a vida eterna". Com isso, o Evangelho como um todo é visto por uma perspectiva totalmente nova – até mesmo João 3.16 fica diferente.

Desse modo, portanto, essas duas impressões erradas – a ideia de que ao crer em Cristo pela primeira vez você foi totalmente salvo e a ideia de que a salvação não pode ser perdida – devem ser reexaminadas e corrigidas à luz da Bíblia.

A seguir, observamos a negligência *comparativa* (deixo a palavra em itálico) da santificação pela fé. Tanta ênfase foi colocada na justificação pela fé, que houve uma negligência comparativa da santificação pela fé – em uma palavra: santidade. John Wesley é um de meus heróis, pois entre seus primeiros companheiros estava um homem chamado John Pawson, um antepassado meu. Disse Wesley: "O metodismo surgiu para difundir a santidade bíblica por toda essa terra". Há historiadores que afirmam (embora eu não sustente essa afirmação) que John Wesley salvou a Inglaterra da Revolução Francesa porque propagou a santidade. Ele foi o grande pregador da santificação pela fé, não pelas obras. Paulo diz: "No evangelho é revelada a justiça de Deus, uma justiça que do princípio ao fim é pela fé" e isso é santificação pela fé.

Hoje, percebo que os pregadores caem em duas armadilhas no que se refere à santidade. Por um lado, deixam implícito que a santidade não é essencial para se chegar ao céu. O ensinamento é praticamente este: a santificação é uma opção facultativa, para a qual haverá uma recompensa no céu, mas não é considerada essencial ou mesmo parte da mensagem básica do Evangelho. Em meu Novo Testamento, contudo, a santificação pela fé é tão importante quanto a justificação pela fé, talvez ainda mais importante. Pois sem santidade ninguém verá o Senhor. Em outras palavras, devemos oferecer às pessoas o Evangelho da santificação.

Não me refiro apenas à teologia ou à teoria, pois prego em prisões de segurança máxima e em acampamentos ciganos na Inglaterra. Nesses lugares, você está lidando com pessoas que são conhecidas por seu comportamento pecaminoso. Na prisão de segurança máxima aonde vou, prego a mensagem do Evangelho a assassinos e traficantes, todos cumprindo a pena de prisão perpétua. Não há plateia melhor do que essa. Posso pregar por três horas e eles querem ouvir mais, porque estão sedentos. O que lhes ofereço, no entanto, é o Evangelho da justiça que vem de Deus, em palavras simples, um Evangelho sobre como ser uma pessoa boa. Ofereço-lhes o Evangelho de santificação e de justificação.

O apelo não é: "Você pode ser perdoado, desde que seja santo". Essa não é a mensagem do Evangelho. Tampouco é: "Você pode ser perdoado e não precisa ser santo". Ambos são distorções do Evangelho. A mensagem que prego é: *você pode ser perdoado e pode ser santo*. Gostaria que você pudesse ver os olhos daqueles homens quando lhes digo que eles podem ser santos, não apenas de nome, mas de fato; que podem estar entre os que se sentarão com Cristo no trono e julgarão outras pessoas. Costumo dizer aos condenados à prisão perpétua que um dia eles serão juízes! Digo: "Vocês precisarão ser muito justos", pois muitos deles sentem-se injustiçados por juízes humanos.

Para mim, o Evangelho não se resume ao perdão de pecados, mas também inclui a possibilidade de tornar-se santo. Você pode tornar-se a pessoa que deseja ser na melhor fase da sua vida, não limitado a apenas alguns instantes antes da morte. Uma vida de fé pode torná-lo como Jesus. Creio que a negligência comparativa da justiça concedida, bem como a justiça imputada, para usar o jargão teológico, é somente metade do Evangelho. Estamos oferecendo às pessoas justiça, não apenas perdão. Estamos oferecendo santidade. Para isso, é bom que vivamos à altura do Evangelho que pregamos e mostremos sinais de que estamos nos tornando homens e mulheres melhores.

Esses são alguns alertas que devemos fazer hoje para que seja possível completar a Reforma do Evangelho iniciada por Lutero.

IGREJA E ESTADO

Já lhes disse que sou mais um homem da "reforma" do que do "reavivamento". Creio que o Senhor está chamando a Igreja para corrigir o que está errado, a fim de que ele possa nos abençoar. Pelo que entendo da vontade de Deus, a ordem é: primeiramente a reforma, depois o reavivamento. Por que Deus vivificaria uma Igreja que está sendo deliberadamente desobediente à sua palavra? Não entendo por que esperamos que ele faça isso.

Vimos que, quando Lutero enfatizou a justificação pela fé, todos os quatro aspectos que mencionei no capítulo anterior sucederam, pois se uma doutrina recebe destaque excessivo, as outras ficam em desequilíbrio. O quinto efeito foi o fato de Lutero destacar a segunda pessoa da trindade quase com exclusividade. Lembro-me do clássico diálogo de Lutero com Johan von Staupitz, seu mentor no monastério. Staupitz indagou: "Martinho, se você extinguir as relíquias e as orações aos santos, o que colocará no seu lugar?". A resposta clássica de Lutero foi: "Jesus Cristo. O homem precisa de Jesus Cristo somente".

Era esse o foco de sua teologia. Desse modo, (comparativamente), Lutero negligenciou a terceira pessoa da trindade. Somente no século 20, ocorreu a redescoberta do Espírito Santo na prática. Exatamente no primeiro dia do século 20, em Topeka, Kansas, Estados Unidos, os alunos de um seminário estavam determinados a experimentar Atos 2 por si mesmos. Era uma ideia revolucionária: o Pentecoste não foi apenas um evento histórico, que marcou o nascimento da Igreja, mas um evento existencial a ser repetido na vida de cada cristão, individualmente.

Procurei em vão por alguma menção de Lutero aos dons do Espírito ou mesmo ao fruto do Espírito e constatei, seguramente, que ele não faz qualquer alusão ao batismo no Espírito Santo. Toda essa dimensão, portanto, ganhou vida no século 20 somente. Não era algo novo. Se estudar atentamente a história da Igreja, você descobrirá que houve episódios carismáticos, ou renovações, ao longo de toda a história da Igreja.

Por exemplo, entre os grandes santos padroeiros de meu país está Davi de Menévia. Talvez você já tenha ouvido a seu respeito. Ele foi nomeado, ou escolhido, para ser bispo. Para sua ordenação, decidiu ir a Jerusalém, pois acreditava que precisaria de uma unção especial para tornar-se bispo. Naqueles dias, a peregrinação, particularmente a peregrinação à Terra Santa, representava boa parte da devoção cristã. Como não existiam aviões, ele caminhou até Jerusalém, na companhia de dois monges. Tenho uma cópia do diário mantido por seus companheiros. Esta é uma de suas anotações: "Nosso santo padre Davi chegou a Lyon, na Gália. Ali, o santo padre Davi foi batizado no Espírito Santo e falou em outras línguas como nos dias dos apóstolos".

Gosto de contar esse fato aos galeses porque eles referem-se ao avivamento de 1904 como uma referência, mas temos uma evidência ainda mais remota – do século 5º – quando Davi de Menévia falou em línguas e foi "batizado no Espírito Santo". Não se tratava, portanto, de algo novo, mas de uma redescoberta importante. A vertente pentecostal da igreja cristã é a que mais cresce hoje e está prestes a tornar-se a maior corrente do cristianismo no século 21. Tudo isso aconteceu nos últimos cem anos.

Lutero, é claro, jamais percebeu tudo isso, tampouco falou a respeito, e não esperava que os cristãos tivessem seu próprio Pentecoste ou um batismo no Espírito, apesar de todos os quatro Evangelhos começarem com a promessa de que Jesus batizaria com o Espírito Santo. Trata-se de algo simplesmente essencial. João Batista fez duas afirmações a respeito de Jesus. Uma delas foi: ele é o Cordeiro de Deus que tira o pecado do mundo. A outra: ele os batizará com o Espírito Santo. As duas afirmações estão interconectadas, porque uma vida que foi esvaziada do pecado, que teve seu pecado removido, está em grande perigo de se tornar uma "casa vazia", disse Jesus, a menos que algo ocupe esse espaço. Não há nada mais perigoso do que um cristão esvaziado do pecado. Existe nele um vazio que atrairá ainda mais demônios, afirma Jesus. As duas coisas, portanto, se complementam.

É interessante, no entanto, que a Igreja, historicamente, tenha escolhido apenas uma dessas duas afirmações. Por todo o mundo, a citação "O Cordeiro de Deus que tira o pecado do mundo" é usada na liturgia, mas o batismo no Espírito Santo foi deixado de fora de todas as liturgias históricas da Igreja. Se estudar a Bíblia com atenção, você perceberá que João Batista disse apenas uma vez a frase "O Cordeiro de Deus que tira o pecado do mundo" e, mesmo assim, ele o fez em particular, para dois discípulos, enquanto sua afirmação "Ele os batizará com o Espírito Santo" foi repetida diversas vezes, publicamente. Na verdade, o grego sugere que sempre que ele pregava, anunciava a vinda daquele que batizaria com o Espírito Santo. Não é estranho, portanto, que a Igreja adote uma observação feita privadamente a duas pessoas e a expanda a todas as liturgias no mundo e ignore a declaração pública e frequente de que Jesus batizaria com o Espírito?

João Batista, é claro, estava perfeitamente ciente de que seu batismo era limitado. Poderia apenas lidar com o passado das pessoas. Purificaria somente esse passado. Nada poderia fazer pelo futuro das pessoas. Até hoje, o principal efeito do batismo nas águas é sobre seu passado; não o ajuda em relação ao seu futuro. Para isso, você precisa de outro batismo

– com o Espírito Santo. É a terceira pessoa da trindade que traz a santificação pela fé. Mais uma vez, vemos uma ênfase excessiva na justificação pela fé, algo que negligencia a santificação pela fé e deposita, consequentemente, toda a ênfase em Jesus e em sua obra, conferindo nenhum destaque à obra do Espírito Santo. Jesus fez tudo o que era necessário para nossa justificação, mas é o Espírito Santo quem opera em nós a santificação, concedendo-nos tanto pureza quanto poder. Esse, portanto, é o quinto aspecto negligenciado hoje.

Um dos elementos que se tornou característico do evangelismo moderno é o apelo para *receber Jesus*. São comuns os relatos do tipo: "Tantas pessoas receberam Cristo". Esse não é um termo bíblico. Depois do dia de Pentecoste, o verbo "receber" foi transferido da segunda para a terceira pessoa da trindade, exclusivamente. Enquanto Jesus esteve na terra, era possível recebê-lo ou não. As pessoas podiam, literalmente, receber Jesus em suas casas.

João 1.12 é uma afirmação que se refere ao passado, mas percebi que é usada em todos os livretos que ensinam os passos para tornar-se um cristão. A tradução literal do versículo é "a todos quantos o *receberam*", e não "a todos quantos o *recebem*". Não "deu-lhes" poder, mas "direito [*exousia*] de se tornarem filhos de Deus, aos que creram em seu nome". O texto não afirma "a todos quantos o recebem hoje", conforme destaca a maioria dos pregadores. No contexto, o tempo verbal é o passado: "Veio para o que era seu, mas os seus não o receberam. Contudo, aos que o receberam, aos que creram em seu nome, deu-lhes o direito de se tornarem filhos de Deus". Não é um texto para ser usado no evangelismo hoje, pois enquanto ele esteve aqui, era possível recebê-lo, pedir que entrasse em nossa casa. Depois que ele subiu ao céu, contudo, e, agora, que está à direita do Pai, não é possível recebê-lo. Você pode receber o seu representante na terra, que assumiu seu lugar: o Espírito Santo.

Não se trata apenas de vocabulário. Uma profunda diferença ocorreu no evangelismo quando passamos a nos referir à segunda pessoa da trindade como se fosse a terceira. Em poucas palavras: quando estamos evangelizando uma pessoa, devemos orientá-la a: arrepender-se diante de Deus, crer em Jesus e receber o Espírito Santo. Confira na Bíblia o que estou dizendo. Quando pregavam o Evangelho, os apóstolos jamais ensinavam os ouvintes a receber Jesus ou, pior ainda, a convidá-lo a entrar em suas vidas ou em seu coração. Esse tipo de linguagem simplesmente não existe no Novo Testamento. Ela é consequência do revivalismo americano do século 19. Nosso evangelismo sofreu grande influência da América do Norte e essa influência chegou a nós, pois convidamos as pessoas a receber Jesus em seu coração, dissemos-lhes que deixem Jesus entrar em suas vidas ou ainda que aceitem Jesus. Se retornarmos ao Novo Testamento, diremos: "Arrependa-se diante de Deus, creia no Senhor Jesus e receba o Espírito Santo", ou seja, para que nosso evangelismo esteja conforme o que ensina o Novo Testamento, devemos conduzir a pessoa, desde o início, a um relacionamento trinitariano.

É possível que alguém diga: "Tudo bem, eu concordo com seu ponto de vista, mas e Apocalipse 3, que diz: 'Eis que estou à porta e bato'"?.

O que dizer sobre esse versículo? Não tem qualquer relação com evangelismo.

Ainda insistirão: "Mas fala de abrir a porta e receber Jesus".

Não tem nada a ver com isso; é um texto dirigido a uma igreja. Uma promessa profética afirmando que, se Jesus deixou sua igreja, um dos membros da igreja pode promover o seu retorno. É um texto dirigido aos crentes; é destinado a uma igreja.

Meu primeiro livro *The Normal Christian Birth*

[O Nascimento Cristão Normal] é fruto da seguinte inquietação: aonde quer que eu fosse, os cristãos pareciam não ter nascido da forma apropriada. Um evangelista faz o trabalho de uma parteira. É muito importante a forma como as pessoas vêm a Cristo, não apenas para o próprio bem delas, mas porque sua experiência será perpetuada e refletida na maneira como elas estenderão o convite a outras pessoas. Esse é o problema. Billy Graham, por exemplo, jamais menciona o batismo. No entanto, ele mesmo foi batizado três vezes. Ele foi capaz de escrever um livro sobre o assunto "novo nascimento" sem jamais mencionar o batismo. Algo surpreendente, se pensarmos bem. O batismo, contudo, não fez parte da sua conversão. A forma como ele se converteu se refletia na forma que usava para levar outras pessoas a Cristo.

Percebo que os evangelistas, invariavelmente, procuram conduzir outros ao Reino da mesma forma como eles próprios vieram. Todos nós temos uma parcela de culpa nisso. Descobri que muitos cristãos tinham problemas porque haviam perdido um elemento vital em seu nascimento, tornando-se, consequentemente, cristãos debilitados ou doentes, pois não haviam começado bem. Cheguei a procurar uma parteira e lhe pedi que registrasse o que era necessário para trazer um bebê à luz. Fiquei impressionado; eu pensava que era preciso apenas puxá-lo para fora. Mas ela me entregou quatro folhas tamanho ofício com instruções sobre como ajudar um bebê a nascer. De forma análoga, suas instruções continham um elemento que correspondia ao novo nascimento.

Em meu livro, contudo, defendo a seguinte tese: se você vai conduzir alguém ao Reino, deverá ajudá-lo com quatro passos: arrepender-se diante de Deus, crer no Senhor Jesus, receber o Espírito Santo e ser batizado no nome do Pai, do Filho e do Espírito Santo. Somente quando garantimos esses quatro passos, contribuímos com o nascimento de um cristão.

Conheci muitos cristãos problemáticos. Eles me procuram e perguntam: "Você pode me ajudar com tal problema?". Respondo: "Antes que fale de seu problema, me conte como você nasceu de novo. Apenas fale sobre sua conversão". Ouço a história para ver se esses quatro passos estiveram presentes. Invariavelmente, percebo que um, dois ou até três desses passos jamais ocorreram em sua experiência de novo nascimento.

O que mais me perturba especificamente é o fato de haver pouco ou nenhum arrependimento. Uma oração de 30 segundos feita pelo pecador não é arrependimento. Certamente não. Não há nenhum ato de arrependimento nessa oração. Portanto, você pode ler minha teoria do nascimento normal cristão. Hoje, o livro é considerado um clássico e está sendo usado como matéria curricular em muitos seminários. Graças a Deus por isso. Consulte o capítulo 6 de Hebreus. Está tudo ali.

Quando redigi meu livro, comprei 36 livretos que ensinam como tornar-se cristão – todos publicados por organizações evangelísticas conhecidas. Dois textos bíblicos estavam presentes em todos eles: João 1.12 e Apocalipse 3.20, ambos irrelevantes para ajudar alguém a entrar no Reino.

Falo sobre o tema com emoção, pois conheço muitos cristãos problemáticos, cuja experiência de conversão se limitou a crer em Jesus. Eu lhes digo: "Vou ajudá-lo a ter um nascimento apropriado e assim preencher as lacunas". Quando fazemos isso, o problema fica menor ou chega a desaparecer por completo. A raiz do problema é a forma como nasceram como cristãos; o fato de não terem sido tratados de forma adequada, de não terem nascido da forma correta. É apenas isso, mas *The Normal Christian Birth* constitui-se, provavelmente, o livro mais importante que escrevi. Como eu disse, hoje ele é usado por evangelistas. Recebo inúmeras cartas de pastores e evangelistas dizendo:

"Estamos obtendo conversões de muito melhor qualidade. As pessoas, de fato, estão se tornando bebês fortes e saudáveis, que crescem e amadurecem mais rapidamente".

Vamos avaliar um dos textos que de fato deveríamos usar no evangelismo. No dia de Pentecoste, quando Pedro pregou o primeiro sermão evangelístico, o povo indagou: "O que devemos fazer?". A palavra-chave nessa pergunta é exatamente "fazer". Eles foram instruídos sobre quais atitudes tomar: "Arrependam-se, e cada um de vocês seja batizado em nome de Jesus Cristo, para perdão dos seus pecados, e receberão o dom do Espírito Santo". É um texto evangelístico bastante completo, mas nunca o vi sendo usado no evangelismo moderno. Não é surpreendente? Eu o chamo de "o pacote de Pedro". Muitos hoje usam o pacote de Pedro nos aconselhamentos cristãos: arrependa-se, creia, seja batizado e receba o dom do Espírito Santo. Observe que o verbo "receber" está relacionado à terceira pessoa. Trata-se, seguramente, da técnica que deveria guiar todo o nosso evangelismo. No entanto, é diligentemente ignorada pela maioria dos evangelistas hoje. Foi essa, contudo, a resposta de Pedro.

Até agora, falamos sobre o Evangelho, sobre o que pregamos, a mensagem, a forma como pregamos e aplicamos a salvação. Entramos agora em um terreno muito mais controverso. É aqui onde, novamente, eu não farei rodeios. Vamos refletir sobre a vida em igreja/comunidade que *praticamos*.

Temos em mente agora não apenas a perspectiva individual da reforma e da salvação, mas sua perspectiva coletiva, extremamente necessária para o século 21. Queremos ter uma Igreja que sobreviverá. O que vou descrever agora é o que creio ser a resposta de Deus à Igreja que permanecerá atuante no século 21. Trata-se de um século muito diferente. Estamos vivendo atualmente em um contexto totalmente distinto, inclusive em relação ao século 20. Vou explicar à medida que seguirmos.

Concluí as cinco áreas relacionadas à pregação que não foram reformadas por Lutero, incluindo a redescoberta do Espírito Santo no século 20, que afetou de forma inevitável nosso entendimento da vida da Igreja. Essa redescoberta levou a mudanças na vida da Igreja que afetaram praticamente todas as igrejas. Uma observação inicial e superficial: o grande número de igrejas que hoje dispõem de uma pequena orquestra, uma banda, *backing vocals* e microfones. É impressionante que até as igrejas mais sóbrias e antigas adotaram esse tipo de culto.

Vivemos hoje em uma vila global, e "comunicação" significa que um novo refrão, composto na Nova Zelândia, será entoado em todo mundo em apenas três meses. É assombrosa a forma como copiamos uns aos outros em todo o mundo. O mesmo acontece com qualquer nova tendência. Poucos meses depois de uma comunidade começar a usar bandeiras e véus no louvor, o costume espalha-se por todo mundo. Assim que os microfones e amplificadores se popularizaram, minha vida ficou perigosa! Na maioria dos palcos e púlpitos onde falo, sinto como se estivesse em uma central telefônica, com fios de todos os lados que se enroscam nos meus pés! Tudo isso é novo, e a tecnologia propaga tudo com muita rapidez.

Concentro-me na primeira grande questão da reforma. Creio que o tempo da Igreja institucionalizada esteja chegando ao seu fim, e que ela não sobreviverá até o final do século 21. Quero expandir o tema com uma breve pesquisa histórica. No Antigo Testamento, religião e Estado formavam uma unidade consistente em Israel – o que chamamos de "teocracia" – com regras estabelecidas não por um governo, mas pelo próprio Deus. Deus governava Israel. O povo poderia rebelar-se contra o governo de Deus, mas era dele o único governo que reconheciam.

As leis de Moisés, portanto, são uma mescla de regras cerimoniais, litúrgicas, criminais e domésticas. Realmente não é possível distingui-las. Elas estão todas misturadas na Lei de Moisés. Num minuto você lida com o crime e, logo em seguida, com a vida em família e, então, com o governo e com os reis de Israel. São elementos interligados. Você pode tentar separá-las, mas, se o fizer, destruirá a palavra de Deus, pois tudo está totalmente interconectado – sob o mesmo governo.

Isso significava, portanto, que era legítimo que eles lutassem, fisicamente, pelo estabelecimento e pela defesa da nação de Israel. Mas quando chegamos ao Novo Testamento, há uma separação radical entre a Igreja e o Estado. Você dá a César o que é de César e a Deus o que é de Deus. São duas lealdades distintas. Martinho Lutero, é claro, frisou bastante essa moralidade dupla: o dever do cristão com o Estado ao qual está sujeito e com a Igreja da qual faz parte.

No Novo Testamento, contudo, o Reino de Deus não é deste mundo, o que não significa que *esteja fora* deste mundo, mas sim que não *se origina* nele, e, consequentemente, os servos de Jesus não são comissionados a batalhar por ele. Jesus disse: "O meu Reino não é deste mundo. Se fosse, os meus servos lutariam...". Durante 300 anos, Igreja e Estado ficaram totalmente separados. Evidentemente, isso acarretou perseguições, pois, por muito tempo, o império romano considerou o cristianismo uma *religio illicita*, embora o judaísmo fosse aceito.

O império romano era sincretista. Quando conquistava um novo povo, colocava o deus daquele povo ao lado de todos os outros deuses em seu imponente edifício em Roma chamado Panteão, que você ainda pode visitar hoje. Os judeus, é claro, recusaram-se a fazer isso. Diziam: "Não. Nós adoramos o Deus único e verdadeiro". Surpreendentemente, eles foram oficialmente reconhecidos. Foram chamados de "ateus", porque não acreditavam no panteão romano de deuses, mas praticavam uma *religio licita* – uma religião legal cuja prática era totalmente permitida.

A princípio, os primeiros cristãos eram vistos como parte do judaísmo, como uma seita judaica e, portanto, estavam protegidos sob o âmbito das religiões legais. No entanto, à medida que os gentios se convertiam e a Igreja, de forma evidente, se tornava um corpo religioso diferente do judaísmo, surgiu a questão: o império reconheceria o cristianismo? A resposta foi não. Obviamente, isso significou a morte e o martírio de muitos primeiros cristãos. Uma vez por ano, no chamado "Dia do Senhor", todo cidadão romano tinha de posicionar-se diante do busto de César, erguer o braço direito, lançar incenso ao altar e dizer: "César é senhor" – apenas três breves palavras. Os cristãos se recusavam a proferir essas palavras e por isso pagavam com suas vidas, enfrentando mortes terríveis.

É a referência encontrada no primeiro capítulo de Apocalipse: "No dia do Senhor achei-me no Espírito". Não se trata de um domingo. Trata-se do dia em que todos deveriam declarar que "César é senhor". Todo o livro de Apocalipse é, na verdade, um manual para o sofrimento/martírio, visando preparar as igrejas para as consequências nefastas de recusar-se a dizer "César é senhor" e de praticar a *religio illicita*. Isso persistiu por 300 anos, com surtos de perseguição com maior ou menor fúria.

Nunca a Igreja cresceu de forma tão rápida quanto naqueles 300 anos. Hoje, a Igreja que está sob pressão cresce em quantidade e qualidade. Quando não sofre perseguição alguma, a Igreja se retrai. Para ilustrar esse fato, eu poderia citar exemplos em todo o mundo. O sangue dos mártires é a semente da Igreja perseguida. Isso ainda é verdade. Estima-se que, recentemente, 264 mil mártires tenham morrido por

Jesus. Não é o que acontece em partes do mundo nas quais encontramos ampla aceitação, tanto social quanto política, embora retrocedemos em números. Invejo os que sofrem perseguição.

Lembro-me de visitar a Tchecoslováquia quando ela ainda figurava entre os países da Cortina de Ferro. Disse aos que faziam parte da Igreja ali: "Nós oramos por vocês". Eles ficaram absolutamente abismados. Ao final do encontro, vieram falar comigo e perguntaram: "Vocês oram por nós? Somos nós que oramos por vocês. Vocês precisam de oração muito mais do que nós". Com certeza, aquelas igrejas estavam lotadas, muito embora a presença de cada pessoa lhe custasse muito. Eu iria voltar para casa, para as igrejas vazias da Inglaterra. Percebi como havia sido arrogante ao afirmar: "Nós oramos por vocês".

Estive com 120 pastores na Alemanha Oriental e ouvi deles: "Traga Honecker de volta". Respondi, surpreso, que Erich Honecker[2] era um ditador comunista. E eles retrucaram: "Sim, mas as igrejas eram muito melhores naqueles dias. Agora, nossos membros se contentam com um carro Mercedes usado. Naquela época, eles queriam orar". Esses 120 pastores lamentavam a queda do Muro de Berlim e o fim do comunismo. Fiquei chocado por pensarem dessa forma. Em minha ingenuidade, pensava que estariam ansiosos pela liberdade. Mas não, agora estavam dominados pelo materialismo e pelo consumismo do Ocidente. A qualidade espiritual de suas igrejas havia decaído. Como pastores, eles estavam preocupados.

Voltemos ao tema. A conversão do imperador romano foi a melhor ou a pior coisa que aconteceu à Igreja? Trata-se de um ponto bastante polêmico. Pela primeira vez, os cristãos detinham poder político e até militar. O cristianismo

---

[2] NdT: Ditador que governou a Alemanha Oriental de 1971 até pouco antes da queda do Muro de Berlim.

agora poderia ser decretado pelo Estado e sancionado como religião oficial. Toda a situação, portanto, transformou-se de cima para baixo. Igreja e Estado começaram a relacionar-se outra vez. E isso persistiu por mil anos.

Curioso é que, aproximadamente um século depois, Agostinho escreveu *A Cidade de Deus*. A leitura atenta do texto mostra que ele está lidando com o colapso do império romano, mas afirma que desse colapso surgiria um novo Estado/Igreja ou uma nova Igreja/Estado. Agostinho foi o primeiro teólogo importante da Igreja a justificar o uso da força por parte dos cristãos. Ele elaborou a Teoria da Guerra Justa. Importunava-o também certa expressão usada por Jesus em uma de suas parábolas: "Vá pelos caminhos e valados e obrigue-os a entrar". Tomando como ponto de partida a palavra "obrigue-os", ele desenvolveu uma vasta teologia: essa força de persuasão era justificada se o fim fosse espiritual. Evidentemente, isso resultou na Inquisição e nas Cruzadas, com o uso do poderio político e militar pelos cristãos. Foi uma grande mudança. Antes de Constantino, os cristãos jamais dispuseram de qualquer força ou autoridade terrena. Tinham de confiar exclusivamente no poder do Espírito Santo. Teve início então um período de mil anos de batalha entre imperadores e papas romanos sagrados para determinar quem seria a maior autoridade.

Simplificando sem grande rigor a história da Idade Média, a tensão entre Igreja e Estado foi consequência do controle que um desejava exercer sobre o outro, por estarem agora tão proximamente relacionados. Às vezes, era o sagrado imperador romano quem ocupava o posto máximo, outras vezes, era o papa. Esse é o contexto em que nasceu Martinho Lutero. Esse cenário prevaleceu durante mil anos, nos quais o Estado tomava as decisões religiosas pelos cidadãos. Quando os governantes do Estado decidiam algo, os cidadãos deveriam obedecer. Essa foi a principal força usada por

Lutero para levar o protestantismo ao norte da Europa. Caso mudassem os governantes, o Estado também teria de mudar. Com a mudança do eleitorado, a Saxônia passou a ser um estado protestante. Em outras palavras, a Reforma veio de cima. O poder usado para difundir a Reforma foi o poder do Estado.

Chamamos os reformadores de "magisteriais" – aqueles que usaram o poder do Estado para promover a Reforma. A tensão, contudo, persistia: quem estava no topo: a Igreja ou o Estado? Houve o contexto de Lutero, em que o Estado estava acima da Igreja, e o contexto de Calvino, em Genebra, em que a Igreja estava acima do Estado. Ambos, no entanto, haviam herdado – e nenhum deles tomou qualquer medida a respeito – um entrelaçamento Estado-Igreja e ainda preservaram o conceito de uma Igreja institucionalizada.

Aproximadamente no ano 1000, por exemplo, muitos dos Estados da Europa passaram do paganismo para o cristianismo e, ainda, para a variedade católica ou para uma variedade celta da Irlanda. Mais tarde, na época da Reforma, os Estados do norte da Europa tornaram-se protestantes, não como consequência de uma transformação do povo ou porque o Espírito Santo estivesse produzindo essa mudança, mas sim porque o Estado agora adotava essa nova religião protestante. A mudança alcançou muito mais sucesso no norte da Europa do que no sul, onde permaneceu firmemente católica. Entre os diversos cantões na Suíça, o norte tornou-se protestante e o sul permaneceu católico. Temos essa divisão até os dias de hoje, e, obviamente, ela foi usada para que batalhassem um contra o outro.

Zuínglio, o terceiro reformador mais conhecido, morreu em uma batalha. Estive em seu memorial na Suíça, no meio de um campo de batalha, e me lembrei de que ele envolveu-se com a luta armada e morreu defendendo o protestantismo contra um exército católico. Até hoje, a guarda suíça que protege o papa, no Vaticano, veste uniformes da Idade Média. É uma situação bastante confusa.

De Lutero, portanto, temos o conceito da Igreja liderada pelo Estado. Essa ideia propagou-se até a Inglaterra. Chegou à Noruega, Suécia, Dinamarca e Alemanha. No Reino Unido há uma anomalia, pois a Escócia seguiu Genebra e Calvino. Ali, portanto, a Igreja foi colocada acima do Estado, mas na Inglaterra ocorreu o oposto, o que levou, é claro, Henrique VIII a romper com o papa, tornando-se o líder da Igreja Anglicana. Foi assim que surgiu a Igreja Anglicana. Depois de Henrique VIII, a Igreja alternou-se: de católica para protestante, de protestante para católica, de católica para protestante. Todas essas mudanças foram sempre acompanhadas de terríveis perseguições, à medida que cada vertente tentava impor ao Estado a sua religião. Mary, que tentou impor o catolicismo romano, foi seguida por Elizabeth, que tentou impor uma mistura entre luteranismo e anglicanismo. Essa foi a nossa herança.

No entanto, o que desejo lhes dizer, com toda a ênfase que puder, é que os dias da Igreja institucionalizada estão contados. O conceito conhecido como "cristandade" – a religião como consequência do domínio do Estado – foi extinto. Não resistiu. O problema é que fomos criados em um contexto no qual a Igreja contou com o apoio, inclusive financeiro, do Estado, bem como com o seu reconhecimento, mas essa situação está mudando rapidamente. A razão é esta: os governos de países democráticos, principalmente os que têm uma liderança de esquerda, estão assumindo progressivamente uma postura não cristã e até mesmo anticristã. Isso traz sobre a Igreja uma terrível pressão em termos de doutrina e ética na tomada de decisões para o futuro.

Desse modo, não podemos mais contar com o apoio ou o reconhecimento do Estado no que diz respeito à preservação da Igreja. Devemos nos preparar hoje para o tempo em que esse "favorecimento" se extinguirá por completo. A situação já começa a caminhar nesse sentido na Suécia e na Alemanha, e a extinção chegará à Noruega. O que precisamos fazer é preparar nosso povo. Como fazemos isso? Bem, a Igreja das Três Autonomias, na China, serve de modelo. Governa, sustenta e divulga a si mesma. Teremos de ensinar ao nosso povo que há um preço a ser pago por tudo o que a Igreja é e faz. Precisaremos desenvolver a prática da doação que encontramos no Novo Testamento. Não se trata de dízimo – que encontramos no Antigo Testamento – mas sim de doação [e ofertas voluntárias], algo muito mais generoso e altruísta.

Precisamos preparar nosso povo para a perseguição. Com todos esses desdobramentos, cada vez mais estamos nas mãos de Estados e políticos ímpios e impiedosos, para os quais o relativismo se constitui religião, cultura e manifesto. A situação em que nos encontramos, portanto, é totalmente nova, pois os elos Igreja-Estado estão ultrapassados. Temos, consequentemente, de adaptar nossas igrejas ou elas não sobreviverão quando esse apoio for retirado. É o que digo a todos em meu país – a Inglaterra –, onde o salário de alguns clérigos anglicanos é subtraído de investimentos. Temos o recurso "Gift Aid" – o incentivo fiscal por doações de indivíduos a instituições filantrópicas. Se faço uma doação a uma igreja, o governo me devolverá o imposto pago sobre aquela quantia. Essa é uma maneira de receber apoio financeiro do Estado. Eu digo às igrejas: "Caso obtenham uma grande restituição de imposto por meio desse recurso, não depositem o dinheiro em uma conta corrente. Considere-o apenas capital investido, para que a igreja possa aprender a manter uma conta corrente com doações recebidas". Então, quando essa restituição fiscal for cancelada, como certamente será, todos os privilégios obtidos por meio da religião estatal serão removidos neste século. Tenho certeza absoluta disso.

Creio que a história da Igreja esteja completando seu ciclo, e logo, para todos os efeitos práticos, enfrentaremos os mesmos desafios impostos durante o período do império romano. A Igreja será uma minoria perseguida, e fico feliz com isso; ela crescerá. Nós, contudo, (especialmente os mais jovens) precisaremos nos adaptar ao mesmo contexto vivido pela Igreja no primeiro século antes que alcançasse autoridade política. Bem, essa é minha previsão. Diante do Senhor, você pode julgar cuidadosamente o que foi dito. Peço que não acredite em tudo o que digo, a menos que o Senhor o confirme. Teremos, portanto, de confiar unicamente no poder do Espírito Santo e na generosidade e no sustento do povo de Deus. Mas eu costumo preparar todos para a perseguição.

Dez anos atrás, quando comecei a perguntar às igrejas na Inglaterra: "Os membros desta igreja estão sendo preparados para a perseguição?", todos riam. Consideravam uma pergunta ridícula, pois eu havia crescido em um país supostamente cristão, onde o cristianismo era no mínimo respeitado e muito privilegiado, e fazia parte do caráter nacional. Eu não achava que viveria para ver pregadores do Evangelho sendo presos na Inglaterra. No entanto, aconteceu há bem pouco tempo. Com o crescente domínio do islamismo sobre meu país, é claro, estamos sendo pressionados pela Lei Sharia. A maior perseguição virá do islamismo e já está acontecendo.

Certo amigo afixou na parte externa de sua igreja um pôster que dizia: "Jesus é o único caminho para Deus". Foi imediatamente perseguido pela força islâmica naquela comunidade. Foi perseguido por "perturbar a paz" ao afixar aquele pôster. Hoje, a legislação anticristã é realmente surpreendente; estamos perdendo a liberdade de expressão na Inglaterra. Enfrento dificuldades legais por causa de alguns livros que escrevi. Meus editores precisam consultar advogados para defender algumas das minhas obras. O único elemento considerado controverso em um de meus livros foi a afirmação de que a prática homossexual é errada aos olhos de Deus. No entanto, um projeto de lei foi apresentado ao Parlamento segundo o qual a pessoa que se sentir ofendida por alguma afirmação poderá abrir um processo criminal contra o ofensor. A liberdade de expressão está com os dias contados em meu país, e isso acontecerá rapidamente; e por liberdade de expressão me refiro à liberdade de pregar o Evangelho e os padrões morais cristãos. Receio, portanto, que eu esteja prestes a enfrentar dificuldades legais, e estou pronto para isso. Não me importo de ser processado, mas não desejo que isso aconteça a outras pessoas por minha causa. Isso torna a situação bem mais complicada.

Pouco a pouco, portanto, voltamos aos dias em que o cristianismo era uma *religio illicita*. Diante do relativismo, do sincretismo e do multiculturalismo, somos hoje a minoria que não se encaixa. Nosso povo simplesmente não está preparado para isso. Sabia que uma agência de investigação em Londres foi contratada para elaborar um dossiê confidencial sobre a vida privada de todos os principais líderes e pregadores cristãos, com o objetivo de humilhá-los publicamente? Essa informação pode ser a principal abordagem para que você prepare as pessoas para a perseguição. É muito simples: certifique-se de levar uma vida santa para que você não seja acusado pelas autoridades por informações que tenham a seu respeito. Prepare seu povo, exortando-os a viver em retidão. Ser acusado de justiça é uma honra e um privilégio para um cristão; ser acusado de injustiça é uma vergonha. Leia 1Pedro atentamente.

Essa é a primeira grande reforma da Igreja: creio que devemos seguir trabalhando e orando, aceitando que a Igreja do século 21 não será uma Igreja institucionalizada, e preparando as pessoas para isso. Quanto à Igreja Anglicana, creio ela esteja se desintegrando, perdendo mil seguidores por semana. Muitas igrejas estão fechando. Trata-se apenas de uma questão de tempo antes que muitas outras sejam obrigadas a fechar as portas porque seus membros estão envelhecendo. Na Inglaterra, na mesma semana em que os metodistas fecham duas igrejas, os muçulmanos abrem duas mesquitas. É o que está acontecendo em meu país. Muitas das mesquitas são antigas igrejas metodistas, você acredita?

Em todos os lugares, edifícios vazios que abrigaram igrejas estão se tornando clubes, lojas de móveis ou centros comunitários para jovens. Trata-se de uma deterioração devastadora. Há, no entanto, igrejas anglicanas independentes que estão prosperando. O Curso Alpha [curso básico de fé cristã], por exemplo, é fruto da Igreja Anglicana Holy Trinity, de Brompton, Londres, e está crescendo de fato. E pretende evangelizar 12 milhões de pessoas. As igrejas que prosperam costumam ficar em grandes centros urbanos onde há muitas pessoas às quais pregar. Essas igrejas sobreviverão, mas se tornarão igrejas independentes. Simplesmente deixarão de fazer parte da Igreja Anglicana oficial.

Quando o príncipe Charles for coroado rei (se isso acontecer), será a primeira vez que diversas religiões participarão da coroação. Charles tem a intenção de alterar um dos títulos da realeza – "Defensor da Fé" –, porém poucos na Inglaterra conhecem a história desse título. Foi concedido pelo papa a Henrique VIII por este ter redigido um livro contra Lutero. E o título permaneceu. Está presente em nossas moedas – "Defensor da Fé" –, mas como uma referência à fé católica romana, não à protestante, embora a maioria das pessoas acredite ser a segunda. Charles, contudo, deixou bem claro que mudará o título de "Defensor *da* Fé" para "Defensor *de* Fé", abrangendo assim qualquer fé. Charles hoje defende o islamismo abertamente. Gordon

Brown, antigo primeiro-ministro, fez um discurso no qual afirmou claramente que o islamismo é a resposta para os problemas da Inglaterra. Dá para ter uma ideia do que está acontecendo.

Para abordar esse tema, escrevi o livro *The Challenge of Islam to Christians* [O desafio do islamismo para os cristãos]. Quando foi publicado, o livro foi recebido com ceticismo. Hoje a reação é totalmente diferente. Ligam-me praticamente todos os dias, dizendo: "Está acontecendo exatamente como você disse". O islamismo avança rapidamente. Deixe-me contar uma breve experiência pessoal. Eu estava em uma reunião na igreja, cuidando das minhas coisas, quando, de repente, um pensamento que jamais me havia ocorrido veio à minha mente: a Inglaterra se tornará uma nação islâmica. Refleti a respeito durante seis meses e não comentei com ninguém. Nem mesmo com minha esposa. Era simplesmente demais. Quando você pensa nos netos, fica imaginando o que acontecerá a eles.

Seis meses depois, procurei vários líderes cristãos na Inglaterra e lhes disse: "Foi isso que ouvi em espírito. O que acham?". Todos eles responderam: "David, isso vem do Senhor e você precisa torná-lo público". Nunca vi tanta gente concordando em colocar minha cabeça a prêmio, mas foi o que eles fizeram. Assim, agendei a gravação de um vídeo sobre o tema, e 120 pessoas se inscreveram para assistir; eu prefiro falar a uma plateia; não sou muito bom para conversar com uma câmera. As pessoas fizeram sua inscrição e nós gastamos 300 libras para preparar a gravação. Poucos dias antes, quando tudo estava pronto, eu tive um AVC, que me tirou a habilidade de falar. Passei por todos os exames imagináveis. Tomografias do cérebro, nível de açúcar no sangue, colesterol, e tudo estava absolutamente normal. Mas eles disseram: "Três nervos cranianos foram destruídos; são os que controlam sua garganta, seus lábios e sua língua". Agora ligue os fatos. O médico disse: "Isso não deveria ter acontecido. Simplesmente não há razão para isso". Em poucos dias, contudo, eu deveria dar a palestra.

De qualquer forma, alguém compartilhou meu problema na Internet e pediu orações para que minha fala pudesse ser restaurada. No dia da palestra, pude falar durante cinco horas e meia e tudo foi registrado em vídeo. No entanto, terminei a palestra apoiado sobre minha perna direita somente, pois meu lado esquerdo estava completamente paralisado. Três homens na primeira fileira se inclinavam para frente. Pensei: "O que será que estão fazendo?". Eles estavam prontos para me segurar; perceberam o que poderia acontecer. De qualquer forma, conseguimos concluir a palestra e a palavra começou a se espalhar. O livro veio em seguida, bem mais completo.

Recomendo firmemente que você o leia. Há hoje na Inglaterra cidades com áreas inteiras regidas pela Lei Sharia. É uma situação sem precedentes. Recebo informações praticamente semanais de pessoas do Parlamento e de autoridades da educação que me contam o que está acontecendo em relação a essa questão. Por essa razão, estamos preparando os cristãos da Inglaterra para o que creio que seja a mão de Deus agindo.

Acredito que tenhamos na Inglaterra hoje o mesmo contexto vivido por Habacuque. Ele disse [paráfrase]:

— Senhor, quanto à condição do teu povo em Jerusalém, o que estás fazendo a respeito? Não estás fazendo nada, mas atentes para a imoralidade e para a idolatria de Jerusalém.

— Estou fazendo algo — disse o Senhor.

— O quê?

— Estou trazendo os babilônios.

— Não podes fazer isso, porque eles matarão a todos. Não sobrará ninguém. O teu povo se extinguirá — reagiu Habacuque.

Disse o Senhor:
— Mas o justo viverá pela sua fé.

Creio que essa foi a base do manifesto de Lutero, porém não tinha o significado que Lutero pensava ter. Seu significado contextualizado era: "Os justos não serão destruídos; eu os preservarei. Eles sobreviverão se permanecerem fiéis a mim". Essa era a promessa.

Creio que Deus está trazendo o islamismo para a Inglaterra. Portanto, não digo às pessoas: "Oremos contra o islamismo". Mas sim: "Essa é a mão de Deus. Trata-se de uma última medida drástica para lidar com a fraqueza da Igreja na Inglaterra". É uma mensagem bastante dura. Foi dirigida a Habacuque, mas creio que também seja relevante para a Inglaterra, e um número crescente de cristãos a aceita como uma palavra de Deus para nós. Devo dizer que isso não acontece com muitos líderes cristãos.

Os líderes cristãos estão dizendo: "O verdadeiro inimigo é o secularismo, e as três religiões monoteístas unidas devem enfrentá-lo. Portanto, vamos nos unir ao judaísmo e ao islamismo na luta contra o secularismo". Trata-se de algo inusitado, porque Alá não é o Deus da Bíblia. Há imensas diferenças entre eles.

QUESTÕES MINISTERIAIS

Vamos analisar agora o ministério da Igreja. Estamos tão acostumados com igrejas lideradas por um único homem, que não valorizamos o ministério. O Espírito Santo, contudo, nos aponta um rumo muito diferente. No início da Igreja Pentecostal na Noruega, perguntaram ao seu líder: "Quantos membros vocês têm hoje?". Creio que ele tenha respondido: "Trezentos". Em seguida, outra pergunta foi feita: "E quantos ministros?". Sua resposta foi: "O mesmo número". Trata-se exatamente do que o Espírito Santo estava dizendo. Infelizmente, muitas igrejas pentecostais tornaram-se igrejas lideradas por um homem apenas, como era no passado. O intuito do Espírito Santo, contudo, é que o ministério seja partilhado entre todos os membros da Igreja.

Tenho um amigo que, por ser ministro metodista, usava uma "coleira", como costumamos chamar o colarinho clerical. Subiu ao púlpito certa noite de domingo e pregou sobre o sacerdócio de todos os crentes. Baseando-se no texto de Efésios 4, ele disse que alguns eram apóstolos, outros profetas, outros evangelistas, outros mestres e assim por diante. E concluiu: "Todo cristão tem um dom e um ministério a realizar para o Senhor". No domingo seguinte, quando subiu ao púlpito, ficou chocado. Todos os membros estavam usando uma gola como a dele! O ministro perguntou: "O que está acontecendo?". Pensou que estava participando de um sínodo ou algo assim! Então eles responderam: "Você nos disse que estamos todos no ministério, então decidimos apenas praticar o que você faz". Ele jamais havia associado sua pregação ao fato de vestir-se de forma diferente de todos os outros. Bem, nunca mais ele usou aquele tipo de colarinho.

Você sabia que foi o papa em Roma quem primeiro criticou seu clero por vestir-se de forma diferente? Ele o fez porque os bispos na França haviam começado a vestir túnicas especiais por causa de sua posição. Disse o papa: "Vocês deveriam distinguir-se por seu caráter, sua humildade, sua compaixão, e não suas vestimentas". Tenho uma cópia dessa carta em casa, que gosto de mostrar àqueles que se vestem de forma diferente. Trata-se, no entanto, de algo com o qual nos acostumamos, e Lutero não completou essa reforma. Ele manteve a divisão entre os sacerdotes e o povo, que, obviamente, era algo característico do primeiro milênio. Essa divisão entre especialistas e leigos cristãos não é encontrada no Novo Testamento. Não vem do Senhor. Teve início no período católico-romano medieval. De fato, em sua origem, o colarinho branco era um símbolo de quem tinha a proteção da Virgem Maria. A maioria ignora esse fato.

Penso que a ordenação tenha criado uma divisão entre os que chamo de "cristãos especialistas" e os "cristãos leigos". A palavra *laos*, em grego, que significa "povo", aplicava-se a todas as pessoas da Igreja. Ministros, pastores e sacerdotes em seminários costumam me acusar de tentar abolir o clero. Minha resposta é: "Vocês entenderam tudo errado. Estou tentando abolir a laicidade". Este é meu objetivo: tornar cada cristão um ministro. Quero, portanto, que o clero seja igual aos membros, como naqueles primeiros dias da Igreja Pentecostal. Somos todos ministros de um ou de outro tipo.

Isso não significa que a Igreja não precise de liderança. O Novo Testamento deixa muito claro que alguns são chamados para liderar e outros são chamados para seguir. Não se deve confundir isso com ministério. Todos têm um ministério, mas esses ministérios precisam de coordenação, encorajamento, treinamento e liderança. Há liderança no Novo Testamento, não resta dúvida quanto a isso. No entanto, não se trata jamais de uma liderança de um homem apenas. É sempre uma liderança coletiva. A história da Igreja, contudo, desviou-se do modelo do Novo Testamento, com muitos bispos designados para cada igreja, para uma situação em que há muitas igrejas sob a supervisão de um bispo.

Trata-se, portanto, de uma completa inversão do modelo do Novo Testamento. A Igreja do futuro, a Igreja do século 21, será aquela em que todos os membros serão ministros, mas cuja liderança será um colegiado – os presbíteros. A Igreja luterana *institucionalizada* não tem presbíteros, mas a Igreja luterana livre tem. Esse é o padrão mais alinhado com o Novo Testamento.

Em uma igreja liderada por um homem apenas, a disciplina dos membros é algo impossível de ser realizado. Um único homem que tenta disciplinar toda uma comunidade está querendo arrumar grandes problemas com seus membros. Quando a igreja é liderada por um presbitério, a disciplina é aplicada por um grupo de homens, em concordância, não dando margens para críticas por parte do membro disciplinado. Geralmente, a disciplina e a doutrina são as áreas que mais ficam comprometidas em uma igreja "liderada por um homem apenas". Portanto, no que se refere ao ministério, existe o sacerdócio de todos os crentes, e Martinho Lutero nos ensinou a esse respeito. Mas ele não colocou a ideia em prática. Deixou intacta essa imensa divisão entre os sacerdotes e o povo. Creio que fomos chamados para colocá-la em prática. Não é bíblica a ideia de que *alguns poucos* são sacerdotes. Somos todos sacerdotes, assim como todos temos o dom da profecia. Qualquer crente pode ser usado para trazer a palavra do Senhor a uma igreja.

Uma vez por mês, tínhamos o que costumávamos chamar de "reunião administrativa da igreja", mas tratávamos somente dos negócios do Senhor. Perguntei à minha esposa do que ela mais sentia falta agora que não estávamos na liderança de uma igreja. Ela disse: "Do que mais tenho saudade são as reuniões administrativas". Algumas pessoas ficam completamente atônitas quando ouvem essa afirmação. Para essas pessoas, as reuniões administrativas resumiam-se a discussões, pressões, votação – o pior tipo de democracia. Nossas reuniões administrativas, contudo, eram baseadas na teocracia e qualquer membro poderia trazer a palavra do Senhor, como de fato acontecia. A cada mês, as maiores surpresas surgiam quando perguntávamos ao Senhor o que ele desejava que fizéssemos e depois esperávamos sua resposta. Vou lhe dar apenas um ou dois exemplos. Certa ocasião, uma senhora, muito humilde, disse: "Creio que o Senhor deseja que doemos dinheiro a outras igrejas da cidade". Era algo que jamais havíamos sequer cogitado fazer. Tínhamos a vultosa provisão de 100 mil libras por ano. Doávamos um terço aos necessitados, aos missionários, a várias boas causas, mas doar a outras igrejas da cidade? Afinal, elas poderiam sustentar a si mesmas. Mesmo assim, procurei o gerente de nossa conta, cujo nome era "Julius Caesar", e lhe disse:

— Sr. Julius, queremos abrir uma nova conta.
— Para quê? — ele perguntou.
— Para as outras igrejas da cidade — respondi. Ele realmente questionou a decisão, mas abriu a conta. O saldo logo chegou a centenas de libras e não sabíamos o que fazer com o dinheiro. Parecia horrível a ideia de simplesmente procurar uma igreja e declarar: "Vamos financiar vocês". Deixaria a impressão de que o objetivo era assumir o controle ou fazer uma proposta, adotando uma atitude paternalista em relação a eles. Não sabíamos como agir a respeito.

Então um tornado que atingiu nossa cidade arrancou o telhado da igreja católica. Indagamos em oração: "Senhor, estás mesmo dizendo que esse dinheiro deve ser destinado a ajudá-los a reconstruir o telhado?". E o Senhor disse: "Sim".

Procurei o sacerdote daquela igreja e lhe entreguei um cheque polpudo – valor suficiente, com folga, para a reconstrução do telhado. Se ele tivesse um coração fraco estaria perdido, porque estremeceu e disse: "Mas vocês são batistas. Creio que seja a primeira vez que os batistas sustentam a igreja católica". E não se tratava da igreja católica carismática, mas sim da tradicional, cheia de imagens e coisas do tipo.

O roliço sacerdote irlandês simplesmente não conseguia acreditar. "Por que fizeram isso?", perguntou. Eu lhe respondi: "Porque o Senhor nos disse para fazê-lo". Então ele disse: "Vocês são a igreja da Bíblia, certo?". Ele se referia ao fato de, um mês antes, termos lido a Bíblia de capa a capa, em voz alta, sem interrupção, 24 horas por dia. Decidimos fazer essa leitura quando inauguramos nosso novo edifício, para que toda a comunidade soubesse que nosso fundamento era a Bíblia, a Bíblia toda! Por isso, simplesmente anunciamos: "Vamos ler a Bíblia inteira em voz alta". Tínhamos um grande quadro na parede, com espaços que correspondiam a períodos de 15 minutos, e qualquer pessoa podia anotar ali seu nome para ler a Bíblia durante um dos períodos, mas era necessário que chegasse 15 minutos antes do seu horário para ouvir a pessoa anterior e permanecesse por outros 15 minutos para ouvir a leitura seguinte. Ficamos assombrados com o resultado. Duas mil pessoas vieram apenas para ouvir a leitura bíblica. Vendemos meia tonelada de Bíblias, em quatro dias. Lemos desde a noite de domingo até a manhã de quinta, sem interrupção. Os homens liam durante a noite. As mulheres, durante o dia. Os jovens liam ao final do dia.

O prefeito de Guildford era Alderman Sparrow [que significa "vereador pardal", em português], um homem de baixa estatura, mas que realmente estava à altura do seu nome.

— Soube que vocês lerão a Bíblia do começo ao fim. Nunca vi isso. Como prefeito da cidade, posso participar da leitura? — perguntou.

— Claro, mas há apenas um espaço vago: terça, às três e meia da tarde — respondi. — Você pode vir?

— Sim, consigo vir nesse horário. Vou trazer minha esposa — completou.

E então perguntou:

— Você se importa se eu usar meu colar de prefeito?

— De forma alguma — respondi. — Pode usar o que quiser.

O prefeito chegou na hora marcada e logo quis saber:

— O que vou ler?

— Não sei. Apenas pegue a Bíblia e comece de onde pararam, informei.

Ele veio sem a esposa e o trecho que leu foi Provérbios 31.

— Onde está sua esposa? — perguntei. — Você disse que iria trazê-la.

— Tivemos visitas inesperadas. Desde bem cedo ela está cozinhando, limpando, arrumando as camas. Pediu que me desculpasse por ela.

O prefeito logo começou a leitura sobre a esposa exemplar que se levanta antes de clarear o dia e cuida de todos... Ele mal conseguia ler! O texto, em seguida, diz: "Seu marido é respeitado na porta da cidade, onde toma assento entre as autoridades da sua terra". Assim que concluiu a leitura, ele veio sentar-se ao meu lado e disse:

— Acabei de ler a respeito de mim mesmo na Bíblia.

— É o que a maioria das pessoas descobre — respondi.

— Elas encontram mensagens com seu próprio nome e endereço ali.

E lá foi ele, mas não sem antes pedir:

— Quero uma Bíblia para minha esposa; vou ler esse trecho para ela.

Outra senhora também se inscreveu para participar da leitura. Ela não nos contou, mas tinha uma reunião marcada com um advogado logo em seguida, pois daria início ao processo de divórcio. Adivinhe o que ela leu? Malaquias: "'Eu odeio o divórcio', diz o Senhor". Depois de ler o texto, ela não compareceu à reunião com o advogado e ainda está casada. Eu poderia contar muitas histórias... Elas aconteceram graças à simples leitura de toda a Bíblia!

Foi por esse motivo que o sacerdote católico perguntou: "Vocês são a igreja da Bíblia, certo? Sabe, os membros de minha igreja não conhecem a Bíblia. Eu também não, para falar a verdade. Faço um breve sermão todos os domingos, mas será que algum de vocês poderia vir ensinar a Bíblia a essas pessoas?". "É claro", respondi. Escolhemos com cuidado uma equipe que, durante um mês, ensinou a Bíblia àquela igreja. Tudo aconteceu porque esperamos no Senhor e obedecemos à sua ordem: "Dê dinheiro a outras igrejas". Nossa reunião administrativa acontecia todos os meses. Esperávamos no Senhor pelo que ele tinha a nos dizer.

Lembro-me de outra ocasião em que Deus nos disse, através de um homem bastante simples, que deveríamos ceder a outra igreja parte de nossa congregação dominical noturna. Para conseguir um assento em nossa igreja, era necessário chegar com antecedência de 40 minutos. Agora, o Senhor ordenava que compartilhássemos nossa congregação! Então, por telefone, perguntávamos à outra igreja: "Vocês se importariam se alguns de nossos membros fossem à sua igreja para o culto vespertino do próximo domingo?". (Os cultos das noites de domingo eram praticamente vazios naquelas igrejas – a maioria dos membros preferia ir à igreja pela manhã). Descobrimos que alguns de nossos membros já estavam buscando alimento em outro lugar e desejavam ouvir outro pregador que não fosse eu. Com isso, transformamos a cidade, pois éramos a igreja que doava a outras igrejas: tanto dinheiro quanto pessoas. Nada disso teria acontecido se não tivéssemos perguntado ao Senhor:

"O que deseja que façamos?" e esperado uma resposta dele.

Como já mencionei, do que minha esposa mais sentia falta eram aquelas reuniões mensais, quando ouvíamos as ordens de Deus e as cumpríamos. Essa prática nos possibilitou ter experiências extraordinárias, que jamais teríamos imaginado, pois não pensávamos dessa forma. Mas o Senhor pensava.

Tratava-se de um ministério prático, que envolvia todos os membros. Nossos presbíteros lideravam as reuniões administrativas. E tínhamos um presbitério. Nenhum de nós estava acima dos outros. Todos sabiam que as decisões tomadas em conjunto pelos presbíteros precisavam ser acatadas com seriedade pelos membros. Não era uma ditadura, tampouco uma democracia. Todos nós buscávamos o Senhor juntos. Portanto, se decidíssemos que a igreja precisava de mais um presbítero, qualquer pessoa poderia sugerir um nome. Geralmente os presbíteros buscavam o Senhor e apresentavam um nome. Mas passávamos três meses orando e refletindo a respeito.

Na reunião do mês seguinte, esse homem indicado não estaria presente, portanto, em sua ausência, discutíamos sua indicação de forma aberta e sincera, e um mês depois, após um período de oração e discussão, perguntávamos a cada membro: "Você reconhece esse homem como seu pastor?". Buscávamos, no mínimo, 80% de aprovação. Não esperávamos que todos estivessem no Espírito; há sempre uma ou duas pessoas que trazem as próprias opiniões. Nossa expectativa, contudo, era de que, pelo menos quatro, entre cinco pessoas, afirmassem: "Reconhecemos que esse homem nos foi dado como pastor". Quando as pessoas participam dessa decisão, há uma obrigação moral de seguir aquele pastor, pois o reconhecimento é partilhado por todos. Não se tratava de voto democrático. Não dizíamos: "Temos dois candidatos e uma vaga, e você pode escolher um entre esses dois". Isso é democracia. A dinâmica era orar por três meses em relação a um candidato e, depois desse período, ter a convicção de que ele deveria fazer parte do presbitério ou não. Quando não tínhamos essa convicção, então nossa postura era a de esperar um pouco mais. Às vezes, um ano depois, todos afirmavam: "Esse homem amadureceu o suficiente para ser nosso pastor". Assim, todos participavam de cada decisão dos presbíteros. Sou defensor de lideranças abertas. É a prática do sacerdócio de todos os crentes. É acreditar que qualquer pessoa da igreja pode ministrar a toda a igreja e trazer uma palavra do Senhor à comunidade. Descobrimos que funciona perfeitamente. Não havia discussões. Não havia campanhas. Não havia qualquer aspecto que costuma ser associado às reuniões administrativas da igreja. Estávamos praticando a teocracia. Estou seguro de que essa seja a forma correta.

Chego agora à parte mais controversa: a *membresia* da Igreja, e aqui nos deparamos com o fato de que uma Igreja institucionalizada tem a obrigação de aceitar todos os cidadãos como membros e considerá-los parte do rebanho. Na Noruega, por exemplo, há aproximadamente 3.500 pessoas para cada sacerdote paroquial. Na Finlândia, o número é menor, mas a função de pastor é atribuída a alguém e as pessoas são as ovelhas. Um dos problemas é que muitas delas são bodes. Numa Igreja institucionalizada, a membresia sempre será mista, com limites pouco demarcados entre Igreja e mundo. Isso significa que o estilo de vida de muitos dos que se consideram parte da Igreja, na realidade, não é diferente do daqueles que não fazem parte da comunidade. Não há qualquer testemunho coletivo de um estilo de vida diferente, pois tudo está embaralhado. Para mim, tratar todos os cidadãos como parte do rebanho é uma ilusão, pois eles não são.

Qual é a resposta para isso? E aqui chegamos à grande questão. O batismo estabelece um limite para ser membro da igreja. No Novo Testamento, você é batizado em Cristo – é introduzido como membro do Corpo e está ligado à Cabeça. O batismo é o sacramento de entrada no Reino. Logo adiante vou expandir esse tema. Se, no entanto, você batizar bebês, estará sujeito a criar uma igreja que será uma mescla de crentes e incrédulos, pois não há garantia de que, no futuro, esse bebê batizado será um crente fiel. Na realidade, as estatísticas indicam exatamente o contrário. Não sei como é na Noruega, mas ficaria surpreso se fosse muito diferente da Finlândia, onde estive falando há algum tempo. Fui informado de que mais de 90% das pessoas foram batizadas na Igreja quando crianças, porém menos de 3% sequer se aproxima das portas da igreja aos domingos. Não estou me referindo ao Natal e a datas especiais, mas ao encontro regular com o povo do Senhor. Há uma tremenda lacuna. Ela não chega a ser tão grande quanto a existente na Inglaterra, mas é quase isso.

Na Igreja institucionalizada, portanto, temos uma enorme quantidade de cidadãos que se consideram parte dela, mas que jamais estiveram em Cristo, por isso a prática do batismo define os limites para ser membro da igreja. É o ponto crucial da questão. Falando francamente sobre o que acredito, minha visão é que, no século 21, sobreviverão as igrejas que praticarem o batismo do Novo Testamento. Serei bastante incisivo aqui, e afirmo que vejo na Noruega exatamente a mesma situação presente na Inglaterra e em outros países: *ninguém* está pregando e praticando o batismo do Novo Testamento. De modo geral, há três grandes grupos na maioria dos países que visito no norte da Europa. De um lado, estão os luteranos, anglicanos e presbiterianos, que têm, eu creio, a teologia correta do batismo, porém a prática errada. No outro extremo, estão os pentecostais e os batistas, que têm a prática correta do batismo, porém sua teologia é equivocada. Meu anseio é apenas unir esses dois grupos, ajuntá-los e dizer: "Retornem ao batismo do Novo Testamento". No entanto, há sempre um terceiro grupo, formado principalmente por organizações paraeclesiásticas, como o Exército da Salvação, a Associação Billy Graham, a Cruzada Estudantil e Profissional para Cristo, Navigators e Jovens com uma Missão que, por razões diplomáticas, e com o intuito de preservar suas relações com os outros dois grupos, deliberadamente excluíram o batismo de seu evangelismo. Eis aqui, portanto, um dilema: sou um crente e fiel defensor do batismo do Novo Testamento porque acredito que seja a resposta para o problema da qualidade dos membros de uma igreja, que é ainda uma grande dificuldade para nós, no século 21. De um lado, portanto, estão aqueles que têm a pregação correta a respeito do batismo com a prática errada, e do outro, os que têm a prática correta com a pregação errada; e há também os que não têm nem a pregação nem a prática. Que situação! Considerando que o próprio Cristo colocou o batismo no centro de sua Grande Comissão, temos uma situação insólita. Ele disse: "Vão e façam discípulos de todas as nações, batizando-os e ensinando-os a obedecer a tudo o que eu lhes ordenei". Essa é a sua Grande Comissão. Estamos fazendo isso?

Deixe-me explicar o que quero dizer. Estive nos dois lados da cerca. Durante 12 anos fui um ministro metodista e batizei bebês. Sempre me senti pouco à vontade a esse respeito. Certo dia, uma jovem me procurou e eu lhe perguntei como poderia ajudá-la. Ela respondeu: "Estou confusa a respeito do batismo". A jovem é hoje minha esposa. Foi a primeira conversa que tivemos, e foi sobre o batismo, e aqui estamos nós. Ela foi a primeira pessoa que batizei, mas essa é outra história.

Eu era, portanto, um daqueles que batizava bebês, mas, então, viajei à Arábia como capelão da Força Aérea Real. Minha capelania abrangia desde o Quênia, na África, até o

Bahrein, no Golfo Pérsico, e o interior da Arábia Saudita. Foi uma experiência esclarecedora, porque todo muçulmano que batizávamos era assassinado. Fiquei de fato temeroso de batizar um muçulmano, pois sabia que era como se assinasse sua sentença de morte. É inacreditável. Ninguém se importava se eles fossem à igreja, levassem consigo uma Bíblia ou até afirmassem: "Agora sou cristão", mas quando eram batizados, eram assassinados. Alguns deles foram apunhalados. Um deles foi queimado. Queimaram sua casa pensando que ele estaria presente, mas ali estavam somente sua esposa e seus filhos. Foram todos queimados vivos, mas ele escapou. Tenho uma carta escrita por ele, cujas palavras estão borradas pelas lágrimas, em que ele conta que sua esposa e seus filhos foram queimados vivos porque ele fora batizado. Pensei: "O que acontece com o batismo que realmente leva esses muçulmanos a cometer assassinatos?".

Percebi que os muçulmanos compreendiam o batismo melhor do que eu. Eu umedecera a testa de bebês e lhes dera um nome, mas isso simplesmente não fazia sentido. Fui movido a recorrer novamente à Bíblia. Li atentamente cada uma das 31 passagens que falam sobre batismo: uma para cada dia do mês. Pensei: "Não consigo conectar tudo isso com o que estou fazendo". Cheguei à conclusão de que não mais deveria batizar bebês. Àquela altura, eu mesmo tinha três bebês, e precisei tomar a decisão por eles. No entanto, tive de dizer à Igreja Metodista: "Não posso continuar batizando bebês. Sinto muito".

Sabe qual foi a reação? "Você ficaria se lhe arranjássemos um assistente para realizar todos os batismos?". Eu disse: "Não. Seria totalmente desonesto. Eu estaria pregando o batismo de outra forma". Então, pedi minha demissão. Eles relutaram muito em permitir que eu saísse. Eu disse à minha esposa: "Vamos perder meu emprego, nossa casa e meu salário, e não tenho nada mais a lhe oferecer". Jamais me esquecerei de sua resposta: "David, quero que meu marido seja um homem obediente a Deus".

Da noite para o dia, perdemos tudo e não perdemos nada. Desde então, jamais nos faltou coisa alguma de que precisássemos. Descobri que meu empregador não era a Igreja Metodista, mas o Senhor Jesus Cristo, e que ele nos chama para o ministério do seu Corpo. Não usa rótulos denominacionais. Já ouvi milhares de profecias, e em somente uma delas houve menção a uma denominação, e isso aconteceu na Nova Zelândia. A profecia foi proferida em um grande encontro. Dizia: "Assim diz o Senhor: 'Quero trazer reavivamento à Nova Zelândia através dos presbiterianos'". Sei, por acaso, que se tratava de um presbiteriano. Eu teria ficado mais impressionado se um batista tivesse dado a profecia, mas, mesmo assim, me dirigi até o homem e lhe disse: "Essa profecia é falsa. Originou-se no desejo de seu próprio coração. Você gostaria de ver sua denominação conduzir a Nova Zelândia ao reavivamento". Ele aceitou as minhas palavras.

Nunca ouvi, no entanto, o Senhor dirigir-se a luteranos, a batistas ou a pentecostais. Você já ouviu? Nunca. Se o Senhor não usa esses rótulos, francamente eu também não quero usar. Na realidade, sou um "metobatiscano" porque fui ordenado metodista, reconhecido como batista, e recebi a imposição de mãos de bispos anglicanos para meu ministério itinerante. Esperava que o papa viesse à Inglaterra para completar o serviço, mas ele não se interessou.

Quanto à questão do batismo, portanto, estive dos dois lados, e cheguei a ponto de ter de confessar: "Não consigo mais batizar bebês", pois estava muito impactado com o ensino do Novo Testamento. Com toda a franqueza, entretanto, digo que estou mais próximo dos luteranos do que dos batistas e pentecostais no que se refere à teologia do batismo. Estou mais próximo de batistas e pentecostais em sua prática, porém certamente não em sua teologia. Qual é a diferença? Bem, descobri que os luteranos e alguns anglicanos enfatizam *o que Deus faz* no batismo e destacam os textos do Novo Testamento que relacionam o batismo ao perdão de pecados, à salvação e à introdução como membro do Corpo de Cristo. Porém, quando batizamos um bebê, esses elementos que destacam a ação de Deus em nós parecem estar ausentes.

O próprio Lutero enfrentou esse dilema, ao concentrar toda a sua teologia na justificação pela fé. Como encaixar ali o batismo infantil? Estou certo de que você está ciente da espantosa solução para o dilema. Disse Lutero: "Quem pode afirmar que um bebê não tem fé?". Para essa pergunta há apenas uma resposta lógica: "Quem pode afirmar que um bebê tem fé?". Foi assim que ficou. Lutero, portanto, preservou a prática medieval do batismo infantil, mas permaneceu com esse dilema. Ainda maior do que a questão da fé é a ênfase do Novo Testamento no arrependimento como um pré-requisito para o batismo. Um bebê pode se arrepender? Se pudesse, do que se arrependeria? Desse modo, em toda a literatura luterana sobre o batismo que li há total ausência de qualquer discussão sobre o arrependimento em relação ao batismo.

Ao ler a Bíblia, entendi que Deus realmente *opera* algo no batismo; não se trata de um ato simbólico, pois o batismo executa o que simboliza. É, ao mesmo tempo, um banho e um sepultamento. Ananias disse a Paulo, ou Saulo de Tarso, como era conhecido então: "E agora, que está esperando? Levante-se, seja batizado e lave os seus pecados, invocando o nome dele". Há uma grande importância conferida ao batismo: "...e lave seus pecados". Pedro tem a mesma perspectiva quando afirma: "Isso é representado pelo batismo que agora também salva vocês — não a remoção da sujeira do corpo, mas o compromisso de uma boa consciência diante de Deus — por meio da ressurreição de Jesus Cristo". Todos esses textos reunidos estão afirmando que o batismo é um meio de graça; que se trata de um canal para que Deus faça por você algo que ninguém mais pode fazer. Em palavras simples: conceder um novo início em sua vida cristã, removendo os pecados não apenas dos registros celestes, mas também de sua consciência.

Como ilustração, vou lhe contar algumas histórias verídicas da minha própria experiência, apenas para que você entenda minha posição. Roger era um engenheiro consultor que frequentava nossa igreja e, em suas viagens a trabalho, sempre acabava levando para cama uma mulher da cidade que visitava. Ele nunca contara à sua esposa o que fazia. Sempre que deixava sua casa, ele era infiel à sua mulher. Bem, tanto Roger quanto sua esposa vieram a crer em Cristo praticamente juntos. Pouco depois, ele me procurou e disse: "David, simplesmente não consigo viver com isso. Contei tudo à minha mulher. Confessei minha culpa, minha infidelidade, mas não consigo olhar em seus olhos. Ela se senta à minha frente na mesa do café da manhã e eu não consigo olhar em seu rosto. Estou tão envergonhado do que fiz. É insuportável".

"Sabe do que você precisa?", disse-lhe, "de batismo". Mostrei a Roger o texto em 1Pedro onde lemos que o batismo não remove a sujeira de seu corpo, mas lhe dá uma consciência limpa através da ressurreição. Batizei Roger e sua mulher juntos. Após ter sido batizada, ela saiu do tanque batismal e ali ficou, encharcada, à espera de seu marido. Quando foi imerso na água, Roger exclamou com toda a força: "Senhor Jesus, limpe a minha consciência". Ele saiu da água pelo outro lado, correu para sua esposa, abraçou-a e lhe disse: "Sou um homem diferente". O batismo havia lavado a sua consciência. Daquele momento em diante, o velho homem fora sepultado no batismo. Roger era um novo homem, limpo aos olhos de Deus.

Batizei o cantor Cliff Richard, que era membro de nossa congregação. Em sua autobiografia, ele escreveu: "David Pawson me lavou, me enxaguou e me pendurou para secar, e nunca me senti tão limpo em toda a minha vida". Foi o que o batismo fez por ele.

Outro jovem da cidade onde eu morava fazia parte do grupo Hell's Angels. Era envolvido com drogas, motocicletas e todo o resto, e tinha no peito uma tatuagem de Satanás. Lá estava o diabo, tatuado em seu corpo. Quando esse jovem veio a Cristo, sabia que deveria ser batizado, mas evitava fazê-lo porque se deu conta de que sua camisa ficaria transparente na água. Ele não queria que ninguém visse o diabo tatuado em seu corpo. Por isso, continuava adiando o batismo. Finamente, foi ao hospital local e consultou um cirurgião plástico. Perguntou:

— É possível remover essa tatuagem do meu corpo?, pois quero ser batizado!

— É possível, sim — disse o cirurgião — De duas formas. Uma delas é queimar a tatuagem, o que deixará uma grande cicatriz. A outra é obter um enxerto de pele de sua coxa e transplantá-la para o local da tatuagem. O processo, no entanto, é muito caro; não é possível fazê-lo pelo sistema público de saúde e leva meses. O jovem então respondeu:

—Ah, não posso esperar, e não tenho o dinheiro.

Pedi, então, a um amigo que o batizasse, e ele o fez na piscina da casa de um membro da igreja. Havia cristãos ao redor da piscina. O jovem foi imerso na água para sepultar seu passado e lavar seus pecados, e de lá saiu sem a tatuagem. Ela simplesmente desapareceu – uma tatuagem lavada com H_2O em que Deus estava presente! Se você lhe disser que o batismo é apenas um símbolo, ele dará risada. E dirá: "O batismo removeu o diabo de mim".

Aqui vai mais uma história – eu poderia contar centenas

delas. Tenho um amigo que é pastor batista na região norte de Londres. Na escola, ele teve um amigo muito próximo, mas, como acontece com frequência, os dois perderam contato quando se separaram ao final do período. Nenhum dos dois era cristão. Contudo, um desses jovens – o meu amigo – converteu-se e mais tarde tornou-se pastor de uma igreja batista. O outro jovem seguiu o caminho errado, numa situação que estava cada vez pior. Envolveu-se com drogas, crimes e tudo de ruim que você puder imaginar. Finalmente, quando tinha por volta dos 24 anos, decidiu acabar com tudo e começou a pensar em suicídio. Lembrou-se, então, de seu amigo da escola. E pensou: "Queria saber onde ele está. Se eu conseguisse encontrá-lo, acho que ele poderia me ajudar".

Sem saber como encontrar seu amigo dos tempos de escola, foi procurar ajuda de uma médium espírita e lhe pediu: "Você poderia me dizer onde está meu amigo?". Quando saiu de seu transe, a mulher disse ao jovem: "Posso descrever a casa onde ele mora. Fica em frente a um grande parque com árvores", informou. E descreveu a casa e o local com muitos detalhes. Disse também: "Não consigo lhe dar o endereço, mas creio que seja em algum ponto da região norte de Londres. E completou: "Tenho más notícias. Ele morreu há alguns anos". O jovem ficou tão desesperado que simplesmente não conseguiu acreditar. Passou as semanas seguintes vasculhando a região norte de Londres. Finalmente encontrou um parque com árvores e uma casa que correspondia exatamente à descrição feita pela mulher em seu transe. Foi até lá, bateu na porta, e seu amigo a abriu e o levou ao Senhor; ele foi salvo e corrigiu sua vida, em Cristo.

Esse jovem, que hoje é um querido cristão, disse a meu amigo: "Mas ela me disse que você estava morto e me deu até a data da sua morte". Meu amigo, o pastor batista, indagou: "Qual foi a data que ela lhe deu?". Quando o jovem informou a data que a mulher lhe havia dado, meu amigo respondeu:

"Esse é o dia em que fui batizado". O batismo, portanto, o arranca do mundo demoníaco. Essa é minha conclusão. Assim como o batismo no mar Vermelho separou os israelitas do Faraó – e tenho respaldo bíblico para essa analogia – eu creio que o batismo seja uma operação de Deus.

É por essa razão que também tenho debates com batistas e pentecostais. Eles nunca falam do que *Deus* realiza no batismo; tudo se resume ao que o homem faz: trata-se de um ato de obediência ao Senhor ou um testemunho a outras pessoas, um tipo de "testemunho encharcado", mas nada se diz sobre o que Deus opera no crente. Percebe aonde quero chegar? Quero ver tudo isso reunido de forma bíblica – a crença no batismo do Novo Testamento que realmente lava os pecados, que realmente o torna parte do Corpo de Cristo, que realmente o salva, sendo aplicada a alguém que se arrepende e crê. É o que espero. Receio, portanto, que me encontre em terra de ninguém, entre aqueles que têm o entendimento correto do batismo, mas o aplicam às pessoas erradas, e aqueles que o aplicam às pessoas certas, porém não têm qualquer entendimento da ação de Deus. Vamos unir os dois lados.

Creio que uma das maiores transformações que poderíamos produzir seria um resgate do batismo do Novo Testamento, pois produziria para a Igreja algo que ninguém mais pode produzir. Falo com veemência a esse respeito porque realmente acredito que tal feito traria cura a muitos de nossos problemas. Significaria uma Igreja constituída somente por crentes contritos, uma Igreja preparada para o chamado a um novo estilo de vida – uma Igreja santa. Creio também que seria uma forma de transmitir graça a um novo crente – esse batismo deveria fazer parte da iniciação na vida no Reino e não ficar restrito a uma cerimônia da Igreja ou algo do tipo. Finalmente poderíamos evangelizar como Jesus nos ordenou e fazer discípulos de todas as nações, batizando-os e ensinando-os a viver a vida cristã. É a ordem de Jesus.

Seria tão bom se pudéssemos resgatar a visão luterana sobre o batismo, seus efeitos e a ação de Deus e uni-la ao entendimento batista e pentecostal do batismo aplicado somente aos crentes contritos. Creio que assim retornaríamos à prática do batismo do Novo Testamento. Penso que Deus honraria esse retorno e de fato o usaria para realizar maravilhas na Igreja. Isso, contudo, requer coragem da parte daqueles que percebem sua importância. Tive de renunciar o ministério metodista. Custou-nos tudo, e, no entanto, não nos custou nada. Deus tem honrado essa decisão de uma forma que eu nem poderia descrever.

Rendo ao Senhor toda a glória pelo que vou lhe dizer agora. Neste momento, meu ministério é muito mais abrangente do que antes. Posso ministrar em 120 países. Os chineses podem acompanhar meus ensinamentos pela televisão. Meus vídeos sobre a Bíblia têm sido acessados semanalmente até por cientistas no Polo Sul. E aqui estou – um "zé-ninguém"; não tenho nenhuma instituição ou escritório, nem mesmo uma secretária. Escrevo minhas cartas e meus livros à mão. Não tenho computador; tampouco e-mail. Sequer um celular. Alguns pensam que saí da arca de Noé. No entanto, o Senhor escolheu esse homem simples que sou e me concedeu um ministério internacional como eu jamais poderia ter imaginado, sem jamais ter buscado nada disso. Nunca divulguei um produto sequer. Nunca pedi a qualquer pessoa que distribuísse meus materiais de ensino. Hoje temos um círculo de distribuidores internacionais, presentes em todos os seis continentes, porém eu nada fiz para que isso acontecesse. Simplesmente disponibilizei minha boca ao Senhor dizendo: "Quero ensinar a tua palavra, e toda a tua palavra", e ele abriu as portas para nós. Não fizemos absolutamente nada para que isso acontecesse. Eu apenas a transmito a você. Devo ter feito algo certo para que o Senhor agisse dessa forma, mas lembro-me do dia em que eu disse: "Não vou mais batizar bebês". A partir daquele dia, o Senhor começou a me usar de uma forma muito mais abrangente como jamais usara antes.

Não estou tentando lhe provar nada, tampouco quero persuadi-lo. Mas deixo meu apelo: vamos retornar ao batismo do Novo Testamento e colocá-lo no centro de nosso evangelismo, exatamente onde Jesus ordenou que estivesse. Oferecemos assim ao novo crente o melhor começo na vida cristã, associando-o à oração posterior pelo batismo no Espírito. Todo novo crente precisa dos dois batismos. Trata-se do terceiro elemento mais importante que a Igreja precisa reformar, mas fazê-lo exigirá tremenda convicção e coragem, e um alto preço a pagar, pois estaremos nos levantando contra interesses escusos.

O próximo elemento que destaco com respeito à Igreja é a questão da disciplina. Segundo Lutero, trata-se de uma das marcas da verdadeira Igreja. Nas igrejas em geral, contudo, não há disciplina. Você pode interpretar minha próxima afirmação como desejar. Cada vez mais, as igrejas são lideradas por mulheres, e elas têm dificuldade com a disciplina. Por isso acredito que, na família, a responsabilidade da disciplina recai sobre o pai, e não sobre a mãe. Creio que sejam necessários homens para disciplinar a Igreja.

Quanto maior a presença feminina na liderança da Igreja, menos disciplinada aparentemente a Igreja se torna. Muitas mulheres ordenadas nos dias de hoje apoiam o casamento homossexual e outras práticas. Não se trata de uma coincidência, porque as mulheres reagem com o coração. Como homens, podemos separar mente e coração e, consequentemente, lidar com os sentimentos de outras pessoas de forma mais objetiva. Mas essa é outra história.

Quero abordar o que encaro como a questão mais

importante relacionada à disciplina na Igreja, e não me refiro à homossexualidade. Creio que o caminho foi aberto nos anos 1960, quando fizemos concessões sobre divórcio e novo casamento. A Igreja que fez concessões nessa área é uma Igreja que está aberta a todas as problemáticas que enfrentamos hoje. A Igreja Anglicana está enfrentando uma grande crise, e a dúvida é se conseguimos nos manter unidos tendo, de um lado, os bispos africanos e do outro, os bispos americanos, completamente em desacordo.

Em poucas palavras, creio que a Bíblia nos diz com absoluta clareza que o novo casamento após o divórcio está fora de questão, e que Cristo assumiu uma posição definida a esse respeito em seus ensinamentos, que a Igreja hoje, de forma geral, ignora ou deliberadamente desobedece, adaptando-se à cultura moderna. Isso aconteceu nos anos 1960. Eu estava em uma comissão especial da Aliança Evangélica na Inglaterra, presidida por John Stott, para debater o novo regimento que entraria em vigor, segundo o qual o divórcio poderia ocorrer tão somente com base no rompimento do casamento, sem nenhum outro motivo. A Inglaterra estava prestes a reconhecer que um casamento poderia ser rompido e, portanto, poderia ser dissolvido. Os cristãos, consequentemente, viram-se diante da decisão de se manter firmes no ensinamento de Jesus ou seguir o novo regimento. Creio que essa questão em particular tenha começado a destruir a disciplina da Igreja cristã na Inglaterra.

As reações foram variadas. A maioria das igrejas livres estavam prontas para aprovar o novo casamento da parte inocente em um divórcio. A Igreja Anglicana não estava preparada para o novo casamento, mas o abençoaria. Não consigo entender como podemos pedir que Deus abençoe um novo casamento sem que estejamos prontos a celebrá-lo. Parece-me hipocrisia. Mas foi assim. É totalmente incoerente. Entre os católicos romanos, houve um aumento significativo no que chamamos de "anulação de casamento", desde que fosse dada alguma razão para se declarar que um casamento nunca fora de fato um casamento. Assim, eles adotaram sua própria linha quanto a esse tema. Do outro lado do tabuleiro, contudo, temos o fato de que a maioria das igrejas cristãs de meu país, de uma forma ou de outra, agora estão abençoando o novo casamento após o divórcio.

Evangelistas cristãos, pastores e mestres renomados hoje trocam de esposa abertamente e se justificam, dizendo: "Minha nova mulher é melhor parceira em meu ministério do que a anterior". É simplesmente incrível. Eu poderia citar nomes de evangelistas cristãos de meu país, que você por certo reconheceria, que simplesmente se divorciaram de suas esposas e se casaram com outras mulheres, geralmente uma colega de trabalho, a secretária ou alguém que trabalhava próximo a eles. Falo abertamente sobre essa situação e torno-me terrivelmente impopular ao fazê-lo, mas apenas prego o que Cristo ensinou.

Já que a porteira está aberta, vou lhe informar alguns números dos Estados Unidos. A princípio, foram os liberais que começaram a depreciar o padrão da santidade do casamento. Depois vieram os evangélicos. A situação nos Estados Unidos hoje é que o "Cinturão da Bíblia", como é chamado o sul dos Estados Unidos, onde os batistas do Sul (conhecidos por crerem na Bíblia) formam a maior denominação, tem o índice de divórcio mais alto: 50% acima do restante do país. E estamos falando de uma região onde a Bíblia é amplamente respeitada. Além disso, mais de 80% de toda a delinquência juvenil ou crimes infantis vem de lares destruídos e casamentos desfeitos. Isso acontece também em meu país, a Inglaterra. Temos hoje a maior taxa de divórcio e novo casamento da Europa. Isso acontece exatamente entre os evangélicos e crentes na Bíblia. É chocante como eles estão trocando de esposa.

Quando a Igreja dos anos 1960 limitou, por assim dizer, a santidade do casamento, aceitando a ideia de que o matrimônio poderia ser dissolvido e refeito, todas as outras questões de gênero começaram a seguir a mesma corrente. Hoje, enfrentamos a maior questão de gênero de todas: a Igreja casará os homossexuais? Liguei a TV (na BBC) para assistir a um culto de adoração de uma igreja em Somerset, no sudoeste da Inglaterra. Vi um ministro "casando" ou "proferindo uma bênção" a dois homens, em nome de Jesus. Sinceramente, senti náuseas. Em outra igreja na mesma região, o ministro "dissolveu" um casamento e, em nome de Jesus, disse ao casal: "Agora vocês estão livres e separados". No mesmo culto, ele celebrou (ou "abençoou") o matrimônio do homem com outra mulher de sua congregação e "casou" (ou "abençoou") a mulher com outra mulher, também da congregação – uma ex-freira. Tudo isso em nome de Jesus, em uma igreja cristã. Infelizmente, essa é a situação hoje. Será grande a pressão sobre nós: o Estado conseguirá nos pressionar a uma total negação da santidade do casamento?

Segundo o ensinamento de Jesus, nada além da morte pode dissolver um casamento. Penso que essa deveria ser nossa posição. Há uma razão para que as exceções feitas por Jesus estejam em Mateus, pois se trata de um Evangelho judaico escrito para judeus – para os primeiros crentes judeus [ou judeus messiânicos]. A exceção refere-se à cultura judaica. A palavra que ele usou não foi "adultério", mas "fornicação". Quando a palavra "fornicação" (*porneia*) é usada no mesmo contexto de "adultério" (*moicheia*), ela tem outro sentido claro. Jesus faz essa distinção, e o mesmo faz Paulo em muitas de suas referências. Fornicação é sexo antes do casamento. Adultério é sexo com outra pessoa que não seja o cônjuge. A única exceção feita por Jesus foi no caso de fornicação, não adultério. Até mesmo a Nova Versão Internacional mudou o termo para "imoralidade sexual". Na cultura judaica, o noivado é encarado com muito mais seriedade do que em qualquer outra cultura. Em nossa cultura, o noivado pode ser rompido. Mas na cultura judaica, os votos feitos no noivado equivalem às promessas de um casamento. Desse modo, se o noivo descobre que sua noiva manteve relações sexuais antes do casamento, está totalmente livre para divorciar-se dela. A palavra "divórcio" usada ali é no contexto de um noivado, não de casamento.

Mateus, é claro, também nos oferece um exemplo clássico com Maria e José, no qual o casamento com Maria não fora consumado, mas José acreditava que ela já havia mantido relações sexuais com outra pessoa, portanto decidiu divorciar-se. Era o correto a fazer. José era um homem justo e reto. Um anjo, porém, lhe disse toda a verdade: "Não tema receber Maria como sua esposa, pois o que nela foi gerado procede do Espírito Santo". Esse exemplo das duas exceções, no mesmo Evangelho, nos mostra o contexto. Na cultura judaica, um homem praticamente era obrigado a abandonar sua futura esposa caso descobrisse que ela havia fornicado.

Em Mateus 5, Jesus simplesmente afirmou que um homem que se divorcia de sua mulher está forçando-a ao adultério e é responsável por isso, exceto se divorciar-se dela por infidelidade antes do casamento – por fornicação. Desse modo, estou convencido de que, com base na leitura atenta das palavras dos ensinamentos de Jesus, não há exceções. Nos Evangelhos de Marcos e Lucas, escritos para incrédulos gentios, não há menção de qualquer exceção, pois não há cultura semelhante à judaica na qual pode e deve haver um divórcio de um compromisso de noivado antes do casamento.

A Igreja não se manteve firme a respeito do divórcio e do novo casamento, e ambos acontecem hoje não apenas entre seus membros, mas também entre pastores. Percebo isso aonde quer que eu vá. Aos olhos de Jesus, trata-se de adultério validado. Assim que a Igreja fez concessões quanto à santidade do casamento, as outras coisas logo se infiltraram. Nos anos 1960, da mesma forma, a Igreja fez concessões quanto à santidade da vida ao apoiar a abolição da pena capital, imposta a nós pelo Senhor na aliança noética, que foi firmada com toda a humanidade, a qual é cumprida por Deus, mas não por nós: um assassino merece morrer e sua vida deve ser tirada. Nos anos 1960, quando a abolimos, eu previ: "É o fim da santidade da vida", pois o assassinato, a destruição da imagem de Deus, deixa de ser uma violação. Eu disse: "Em seguida virá o aborto e, depois, a eutanásia". Quando um passo é dado na redução da santidade da vida, todas essas outras coisas vêm em seguida. Agora, portanto, estamos enfrentando o aborto e a possibilidade de eutanásia.

Nos anos 1960, dois elementos sagrados foram enfraquecidos: a santidade da vida e a santidade do casamento. O resultado é que hoje estamos nos engalfinhando e sendo mutilados pelo tempo presente. E quero lhe mostrar que tudo começou lá trás. Estamos colhendo o que plantamos e tendo de lidar com situações complicadas como essas. Se não celebrar o casamento de homossexuais, a Igreja sofrerá perseguição das autoridades. Sua postura será considerada traidora, contra a cidadania. Estou avisando. Como líderes cristãos, teremos de decidir se faremos concessões sobre essas questões cruciais. Para continuarmos firmes nos mandamentos de Jesus, pagaremos um alto preço. Ele disse: "Vão e façam discípulos de todas as nações, batizando-os e ensinando-os a obedecer a tudo o que eu lhes ordenei". Entre esses mandamentos está seu ensino claro a respeito da santidade da vida e da santidade do casamento, que, aos olhos de Deus, jamais deve ser rompido.

A disciplina da Igreja hoje está sofrendo por causa das concessões que fizemos nos anos 1960, de forma imprudente. Aos poucos, ficamos vulneráveis à pressão de autoridades políticas e sociais para que agíssemos conforme desejavam.

Um casal de amigos de West Country, região sudoeste da Inglaterra, foi notícia na mídia britânica. Sua foto foi estampada em todos os jornais da Inglaterra porque eles abrigaram 28 crianças que não tinham um lar. Meus amigos educaram cada uma das crianças como se fosse seu próprio filho, livrando-as do futuro que teriam, considerando os lares terríveis de onde vieram. Há três meses, o casal recebeu a seguinte instrução: "Vocês devem assinar um documento aprovando que crianças sejam adotadas por casais homossexuais ou não poderão abrigar nenhuma outra criança". O casal respondeu: "Não podemos assinar esse papel". O garoto que estavam criando como seu filho foi imediatamente tomado deles e entregue a outra família. A notícia chegou às manchetes de todos os jornais da Inglaterra. Esse querido casal cristão havia se recusado a assinar o documento do concílio e, por isso, foi imediatamente removido de todo processo de adoção de crianças que precisavam de um lar. Houve uma grande comoção, é claro, mas receio que esse seja apenas mais um indicador do rumo para onde seguem as águas.

Já falei sobre a Igreja institucionalizada, falei do ministério, dos membros e do batismo, que se trata de um tema relacionado, e também falei de disciplina.

Para concluir, perguntaram-me se eu aconselharia o divórcio aos que fizeram essa descoberta depois do segundo casamento. Creio que qualquer pessoa que esteja vivendo em pecado deve arrepender-se. "Arrepender-se" significa tomar a direção oposta. Se estiver em um relacionamento adúltero de qualquer tipo, o arrependimento significa deixar esse relacionamento. Tiro o chapéu para casais que conheço que se separaram quando descobriram que estavam vivendo em adultério aos olhos do Senhor. Podemos apenas lhes dizer que se arrependam e alertá-los de que o preço do não arrependimento pode ser eterno.

RESOLVENDO AS PENDÊNCIAS

O batismo é, obviamente, a questão polêmica. Falei sobre o tema a uma plateia de oito mil pessoas de todas as partes da Finlândia. As gravações de minhas palestras na Finlândia foram banidas porque os patrocinadores do encontro eram luteranos, mas alguém conseguiu uma delas e vendeu-a no "mercado informal" por um preço exorbitante. Então outra pessoa postou uma cópia na Internet e, assim, a proibição sobre as minhas gravações foi retirada e elas puderam circular. Os luteranos me desafiaram a retornar para um debate público sobre o batismo com professores de teologia – esse debate seria televisionado. Foi uma situação inusitada. Não vou entrar em detalhes, mas ela teve início quando me informaram que, dos 180 minutos do debate, eu teria apenas um! Respondi: "Não vou". Então eles disseram: "Tudo bem, quatro". Eu disse: "De jeito nenhum. Quinze, no mínimo". Eles tentaram novamente: "Dez, então". Insisti: "Quinze". E eles: "Treze". Não estou exagerando; foi assim a conversa com o homem que seria o mediador do debate. De qualquer maneira, eu estava ficando muito decepcionado. Pude perceber que eles simplesmente não me deixariam falar. Chegaram a me dizer: "Você está ciente de que estará debatendo com homens cultos?". Pensei: "As implicações dessas palavras não são muito lisonjeiras!". Em todo caso, fiquei aliviado porque o canal 7, que conta com grande audiência na Finlândia, me disse: "Nós lhe daremos 1 hora e 20 minutos exclusivos na televisão, para que você possa expor seu ponto de vista". Assim, fui ao debate público pensando: "Vocês não sabem, mas tenho 1 hora e 20 minutos na televisão, para expor meus pontos de vista".

Há um DVD com os dois programas que fiz para a televisão finlandesa, com os pontos que foram abordados no debate. Na verdade, eu também tive oportunidade de expandir meu tempo no debate.

Os dois últimos pontos que quero destacar referem-se, primeiramente, à vida da Igreja e, em segundo lugar, a Israel. Creio que a Igreja do século 21 deveria interagir com Israel e com o povo judeu. Por onde quer que eu vá, acho extraordinário como a promessa feita a Abraão está sendo cumprida em cada igreja. "Sejam abençoados os que os abençoarem, e amaldiçoados os que os amaldiçoarem". É claro que o povo judeu não se resume aos judeus que estão hoje em Israel. Estes constituem menos da metade dos judeus do mundo. Quanto a isso, infelizmente, Martinho Lutero nos deixou um péssimo legado. Em todo lugar onde esteve o luteranismo, o antissemitismo o acompanhou. De forma geral, a Igreja é culpada de um antissemitismo aterrador.

Havia em nossa igreja uma senhora judia, nascida em Viena, que quando era menina, sempre que passava em frente a determinada igreja, no domingo, era alvo de cuspes e chutes das pessoas que ali estavam e que lhe diziam: "Você matou Jesus". Essa menina judia respondia: "Eu não tive nenhuma participação naquilo". E cresceu cheia de amargura. Felizmente, o Espírito Santo pôde curá-la, ela tornou-se uma crente maravilhosa e influenciou de forma extraordinária outros judeus, ajudando-os a se livrarem de sua amargura contra a Igreja cristã. Nosso testemunho de antissemitismo é terrível.

Como você deve saber, Martinho Lutero começou demonstrando muita empatia em relação ao povo judeu. Lutero acreditava sinceramente que quando ele eliminasse todas as práticas católicas que remetiam à idolatria – as mesmas que os judeus haviam usado para criticar a Igreja Católica – os judeus acolheriam seu cristianismo do Novo

Testamento, que, para Lutero, estava muito mais próximo do judaísmo bíblico. Afinal, Jesus era, é e sempre será judeu. Assim, ele tentou evangelizar os judeus na Alemanha e não foi correspondido. A princípio, Lutero ficou decepcionado, depois frustrado e então muito irado e hostil, tornando-se o pior antissemita da história do protestantismo.

Escreveu um artigo ou livreto intitulado "Os judeus e suas mentiras" e defendeu um programa de sete passos para livrar a Alemanha dos judeus. Estes são os sete passos: "Suas sinagogas devem ser queimadas, suas casas demolidas, seus livros confiscados, seus rabinos silenciados ou executados, seus passaportes recolhidos para que não possam escapar, seu ofício de empréstimo de dinheiro deve ser proibido e todos devem ser submetidos a trabalhos forçados a fim de expulsar esses preguiçosos de nosso sistema". Esse era o plano de Lutero. Em seu último sermão, ele pregou contra os judeus, apelando à Alemanha que se livrasse deles. Graças a Deus, Lutero morreu dois ou três dias depois, antes que pudesse desenvolver o tema.

Esse foi o legado deixado por Lutero, que é muito pior do que o antissemitismo católico. Talvez você tenha ouvido a respeito da *Kristallnacht* [Noite dos cristais, em alemão], a noite em que as vitrines dos estabelecimentos judeus foram destruídas e as sinagogas queimadas. Aconteceu no aniversário de Lutero, quando o próprio Hitler afirmou: "Estou fazendo a vontade do Senhor", buscando apoio em Lutero. Trata-se de um episódio vergonhoso da história da Igreja. Resultou diretamente no Holocausto na Alemanha. Hitler recorreu a Lutero para justificar essa limpeza étnica.

Resta-me dizer que a Igreja precisa se arrepender de seus séculos de antissemitismo. Falo com certa frequência tanto em sinagogas quanto em igrejas, a convite delas. Não me restrinjo; sempre falo sobre Yeshua, Jesus, Ha-Mashiach, o Messias. Nunca escondo isso. Eles sabem perfeitamente bem que sou cristão, mas tento falar sobre ele de forma a evitar que o associem à história da Igreja.

Infelizmente, muitos segmentos da Igreja cristã ficaram tão horrorizados com o Holocausto que foram ao extremo oposto – denominações importantes do mundo ocidental dizem hoje: "Deixemos de tentar converter os judeus. Não vamos doutriná-los". O conceito é oficialmente chamado de "ensinamento da dupla aliança", segundo o qual os cristãos são salvos pela nova aliança e os judeus são salvos por sua própria aliança, e não devemos tentar conduzi-los a Yeshua Ha-Mashiach. Eles são salvos por Deus à sua maneira e nós somos salvos à nossa maneira. Esse é o novo relativismo traduzido do complexo de culpa deixado pelo Holocausto em tantos corações cristãos. Houve pessoas, no entanto, como os membros da Irmandade Evangélica de Maria, que se arrependeram em nome da Alemanha e, mesmo assim, sustentam que o povo judeu precisa de um salvador – seu Messias.

Eu costumava ir anualmente a Jerusalém para celebrar a Festa dos Tabernáculos, mas certo ano tivemos problemas. Sete mil cristãos de 120 países estavam reunidos, o maior número de todos os tempos. Um dos eventos era a Marcha de Jerusalém, na qual cristãos do mundo todo desfilavam pelas ruas de Jerusalém e manifestavam seu apoio aos israelenses [que assistiam o desfile das calçadas e varandas de suas casas]. Naquele ano, contudo, o rabino-chefe de Jerusalém, sede do judaísmo mundial, proibiu todos os judeus de fazer qualquer contato conosco, os cristãos. Isso significava, é claro, que teríamos de cancelar a noite israelense em que invariavelmente, tínhamos centenas de judeus como convidados. Eles compareciam espontaneamente, e até mesmo o primeiro-ministro marcava presença. Dessa vez, Ehud Olmert[3] nos enviou uma mensagem de vídeo.

---

[3] NdT: Primeiro-ministro de Israel no período de 2006 a 2009.

No entanto, quando o rabino-chefe ordena que os judeus não façam algo, você sabe o que acontece. Os judeus são obstinados, e o fazem mesmo assim. No dia da marcha, oito mil israelitas apareceram para saudar os cristãos, a maior multidão já presente. A Embaixada Cristã Internacional, contudo, que organizou a festa, foi criticada por ter convidado dois palestrantes: Jack Hayford e eu. O rabino-chefe tivera acesso às gravações de minhas palestras e as de Jack Hayford (que compôs o cântico "Majesty", a versão em português é "Adorai em majestade"). Trechos do que havíamos falado foram citados e fomos acusados de acreditar que os judeus não eram salvos até que tivessem um encontro com aquele que afirmamos ser o Messias – algo que Jack e eu acreditamos e defendemos. Não omitimos o que cremos. Sabemos, no entanto, que antes de alcançar os judeus, precisamos superar séculos de horror impostos pelos cristãos aos judeus, pois eles têm boa memória, e as cruzadas parecem ter acontecido ontem.

Penso que a Igreja deve não apenas arrepender-se de seu antissemitismo, mas também desenvolver uma teologia de Israel que associe seu futuro ao nosso. Basta o capítulo 11 de Romanos para entendermos que nosso Deus ainda não terminou sua obra com o povo judeu e tem um plano para seu futuro, futuro esse que está vinculado ao nosso. Observei, em minhas viagens, que o Senhor está abençoando as igrejas que abençoam Israel; no entanto, as que ainda mantêm uma atitude antissemita ou que, por convenção, ignoram o povo judeu continuando adorando o Deus de Israel, por mais irônico que isso possa parecer. Pois o Deus de Israel é nosso Deus; ele é o Pai de Jesus.

Creio que essa seja uma dimensão da vida da Igreja que caracterizará as igrejas prósperas no século 21: o resgate de uma teologia de Israel. Uma consideração detalhada das cinco alianças bíblicas está além do escopo deste livro, mas é importante perceber que se trata de uma questão de estar em aliança e em união. Não estamos sob a aliança mosaica, mas as alianças abraâmica, davídica e noética (firmada com Noé) são todas confirmadas no Novo Testamento como ainda vigentes. Abraão, Isaque e Jacó seguramente não estão mortos. Ainda estão vivos. A aliança que celebraram com Deus ainda é válida. É a base de sua reivindicação da Terra Prometida. Creio que todo o que crê na palavra de Deus deve aceitar que Deus levou os judeus de volta à sua Terra Prometida.

Você crê que Deus é soberano sobre a história, que controla os babilônios, os egípcios e os assírios, assim como faz com os judeus, que trouxe os filisteus de Creta até a Terra Prometida simultaneamente aos judeus? Amós nos conta que Deus é soberano sobre a história. Como Paulo afirma em seu discurso no areópago, registrado em Atos 17, Deus decide a quantidade de tempo e espaço de cada nação no mundo. Se você crê nisso, então perceba que os judeus estão de volta à Terra Prometida.

Se você crê que Deus é soberano sobre toda a história, crê que foi ele quem os levou de volta. É algo mais que extraordinário: após dois mil anos sem sua língua, sem sua moeda, sem sua terra, eles estão de volta e prosperam como nenhuma outra nação. É uma situação extraordinária, porém é evidente, do ponto de vista humano, que eles também estão sob ameaça de extinção. As crises no Oriente Médio estão afetando todo o mundo, e o mundo hoje acredita que se for possível alcançar a paz naquela região, será possível alcançar a paz mundial. Esse tornou-se o eixo da história.

Tudo isso faz parte de outro grande tema. Creio, contudo, que os cristãos deveriam deixar que o Novo Testamento – e não o Antigo – decida sua atitude em relação ao povo judeu. Somos frequentemente acusados de sermos cristãos sionistas, de viver no Antigo Testamento. Não é assim comigo; eu vivo no Novo. No entanto, encontro no Novo Testamento o suficiente para me tornar um cristão sionista e para me levar a apoiar Israel. Não apoio Israel invariavelmente. Sou um dos maiores críticos dessa nação, porque creio que um amigo verdadeiro não oferece aprovação irrestrita. Tenho feito críticas sérias e públicas à forma como o aborto é tratado em Israel: 1,5 milhão de bebês abortados desde 1948. É o mesmo número de crianças massacradas nas câmaras de gás dos campos de concentração na Alemanha.

A crise mais significativa é que, por volta de 2020, haverá em Israel mais muçulmanos árabes do que judeus. Trata-se de uma crise demográfica para os judeus. Mais judeus precisarão retornar e aumentar os números, ou os casais que lá estão precisarão ter famílias tão numerosas quanto a dos muçulmanos. Para resolver esse problema, evitarão o aborto ou até mesmo o controle de natalidade (como têm feito). De fato, são enormes os seus problemas. Do ponto de vista humano, não seria possível apostar que Israel sobreviverá ao século 21.

Acredito, contudo, que Deus já tenha decidido a esse respeito e que precisamos expandir nossa teologia de Israel e entender que o Deus que adoramos todos os dias é o Deus de Israel, e que Jesus era, é e para sempre será judeu, e que esse judeu, um dia, será o Rei sobre todo o mundo. Tudo isso é bastante revolucionário, mas trata-se de mais uma marca da Igreja do século 21, que estará conectada com o povo judeu e com a mensagem de que Deus tem um único destino para nós: um novo homem em Cristo para sempre, um só rebanho sob um só Pastor.

Minha observação final é que precisamos reformar nossa escatologia: a esperança que temos a respeito do futuro. A fé, a esperança e o amor são as três dimensões da vida cristã. A fé, essencialmente, está relacionada à ação de Deus no passado. O amor está relacionado à ação de Deus no presente. Mas a esperança está relacionada à ação de Deus no futuro. Vivemos em um mundo que, progressivamente, perde sua esperança. No início do século 20, a palavra da vez era "progresso". Todos acreditavam que o século 20 seria o mais saudável, o mais feliz, o mais próspero e o mais seguro de todos. O naufrágio do Titanic veio refutar essa ideia. Foi trágico demais e o maior desafio ao otimismo humano do século 20. Tratava-se do maior objeto móvel jamais construído pelo homem. E o objeto mais tecnológico de seu tempo. A realização suprema do humanismo científico. Naufragou em sua viagem inaugural. Naufragou o navio sobre o qual se afirmou: "Nem Deus pode afundá-lo". Daquele momento em diante, o otimismo presente no início do século, o otimismo que levara o primeiro-ministro a cunhar a frase: "Sempre para frente e adiante", que o levou a vencer uma eleição, foi amplamente aceito.

Logo após o acidente com o Titanic, veio a Primeira Guerra Mundial, com o absoluto horror do sangue e da lama nas trincheiras da Bélgica e da França. Parecia algo impossível e exterminou a fé de milhares de homens que, antes da guerra, eram cristãos. Muitos morreram fisicamente, porém muitos mais morreram espiritualmente, dizendo: "Como pode existir um Deus de amor diante de tudo isso?". Foi a mais bárbara das guerras. Como resultado, as igrejas da Inglaterra perderam seus homens. Daquele momento em diante, tornaram-se o que chamo de "igrejas botes salva-vidas" – mulheres e crianças primeiro. As mulheres passaram a liderar e a conduzir as igrejas. Os homens não voltaram à Igreja após a Primeira Guerra Mundial. Diziam: "Vimos e fizemos coisas que simplesmente não podem estar de acordo com o Deus que a Igreja nos ensinou que existia". Foi, portanto, um imenso desastre nacional.

No início do século 21, a palavra da vez não era "progresso", mas "sobrevivência". A pergunta hoje é: "A raça humana sobreviverá a este século?". Os cientistas já calcularam quando a vida humana começará a ficar impossível no planeta Terra e o ano será 2040. Tal previsão vem do Instituto de Tecnologia de Massachusetts, o MIT, no qual um computador analisou todas essas tendências. O consumo de petróleo, o suprimento de água potável, a explosão populacional; todos os fatores foram avaliados e levaram à conclusão de que, por volta de 2040, a vida humana se tornará impossível em imensas regiões do planeta. É possível que você viva para ver; eu, certamente, não viverei. Essa, contudo, é a data que nos oferece a nova ciência da futurologia (esse é o nome).

Observo uma atitude de quase desespero ou desesperança mesmo em comunidades cristãs. Quando lhes pergunto: "Vocês acreditam que este país estará melhor, igual ou pior do que no século 20?", a expectativa de muitos é que estará muito pior. De fato, pela minha experiência com essa pergunta, o voto típico dos cristãos costuma pender ao agravamento da situação. Mas o resultado desse voto seria completamente diferente se eu estivesse vivo em 1900 e lhes fizesse a mesma pergunta. Nota-se uma mudança no estado de espírito. As pessoas estão mais existenciais, vivendo o presente, porque temem o futuro.

É nesse cenário que temos o solene dever de falar ao mundo sobre a esperança cristã. "Esperar" é uma palavra bastante ambígua. "Espero que o tempo esteja bom amanhã". "Espero que nossas férias sejam proveitosas". "Espero que eles possam resolver seus problemas". Essas frases significam simplesmente: "Eu gostaria que isso acontecesse". Não se trata de uma certeza. No entanto, a palavra esperança no grego do Novo Testamento é *elpis* e significa que você está absolutamente certo de que algo acontecerá. Essa é a esperança que temos, e somente nós a temos, porque os cristãos são os únicos que sabem como o mundo vai terminar – é a Bíblia que nos revela isso.

Não sei se você sabe, mas a Bíblia tem 735 previsões *distintas* a respeito do futuro. Algumas estão registradas várias vezes. Uma delas é repetida 300 vezes. Não estou tentando impressioná-lo com estatísticas. Que palavra horrível essa! (Foi um de meus antepassados quem cunhou o termo.) Pode-se provar tudo com estatísticas, eu sei, mas estou lhe apresentando números. Das 735 previsões bíblicas a respeito do futuro, 596 cumpriram-se em detalhes após sua previsão. Trata-se, portanto, de 81% de previsões realizadas – em todos os detalhes. Estou pronto para crer nas previsões restantes. Não preciso de muita fé para acreditar que as demais profecias acontecerão; as que constituem os outros 19% referem-se todas ao fim do mundo. Obviamente, elas ainda não se cumpriram, caso contrário não estaríamos aqui. É um recorde fantástico. Formas supersticiosas de perscrutar o futuro, como folhas de chá, cartas de tarô ou coisas do tipo, não acertam mais de 5% ou, em outras palavras, estão "95% incorretas".

A nova ciência da futurologia, que agora conta com seus próprios mestres, nunca teve mais de 25% de acertos em suas extrapolações das tendências presentes para o futuro, pois sempre há eventos inesperados que modificam esse futuro. Digo que são, portanto, 75% de erros. A Bíblia não está 81% correta porque os 19% restantes ainda não teriam acontecido. A Bíblia tem 100% de acertos até o momento. Para mim, portanto, não é um passo de fé afirmar que os 19% restantes se cumprirão exatamente conforme o que foi previsto.

Gostaria de conduzi-los por algumas dessas previsões espantosas. A previsão de que Tiro seria lançada ao mar jamais aconteceu à cidade alguma na história, somente a Tiro. Muito antes do fato, Ezequiel disse que aconteceria, mas foi Alexandre, o Grande quem lançou toda a cidade ao mar com o objetivo de criar um caminho para a ilha por onde os habitantes fugiram. A palavra de Ezequiel, portanto, foi cumprida à risca, sendo que uma cidade inteira – paus, pedras, tijolos – foi toda lançada ao mar. Isso jamais aconteceu a qualquer outra cidade, exceto Tiro, conforme Ezequiel disse que seria.

Creio que esse seja o estado de espírito da Igreja: um clima de temor, de quase desespero e, certamente, depressão a respeito do futuro, somado ao existencialismo resultante do desejo de viver para o agora, viver do que for possível espremer do hoje antes que o mercado de ações entre em colapso, antes que a economia se descontrole; viver para o hoje; gastar já. Na realidade, consiga o máximo de crédito possível agora mesmo para que você possa ter uma casa muito maior do que pode pagar. Você sabe como isso termina. Enfrentamos uma grande crise na Inglaterra em consequência das dívidas dos americanos com moradia. Tenho dito.

Temos uma mensagem de esperança; temos uma mensagem sobre o futuro. A essa altura, quero dizer que precisamos de uma filosofia bíblica da história. É possível que você nem saiba da existência de tal filosofia, mas vou apresentá-la. Quando Lutero desacreditou o livro de Apocalipse, ele, mais uma vez, induziu todos ao erro. O livro de Apocalipse, no entanto, está na Bíblia. Faz parte da palavra de Deus. É um dos livros do Novo Testamento que trata a respeito do futuro, um livro que muitos pregadores e igrejas têm ignorado, citando apenas alguns poucos trechos. Precisamos, contudo, entender o livro como um todo, pois há toda uma filosofia da história. O que quero dizer com essa frase? Refiro-me ao contorno dos futuros eventos – ao padrão. Há alguns séculos, os historiadores tentam descobrir se há, de fato, um padrão na história que possa trazer sentido ao caleidoscópio de acontecimentos. Existem, no mínimo, cinco principais filosofias da história que são adotadas pelos meios de comunicação que nos alimentam indiretamente todos os dias. Se não formos cautelosos, adotaremos uma filosofia mundana da história e nos esqueceremos da filosofia bíblica, uma das razões pelas quais as pessoas que mergulham na leitura da Bíblia não são iludidas pelas filosofias do mundo.

Aqui estão todas as cinco. A primeira delas é a filosofia *circular* da história – a história caminha em círculos. Você simplesmente continua retornando a si mesmo, e o mesmo evento acontece vez após vez. Trata-se do padrão grego da história. A vida é uma rotatória. Você sairá mais ou menos no mesmo ponto onde entrou. Nada aconteceu. Você não fez progresso algum. "A história se repete", diz o provérbio. Trata-se da visão circular da história: sempre em círculos, sem chegar a lugar algum.

A segunda chama-se visão *cíclica* da história. Ela afirma que a história segue adiante, porém em movimentos altos e baixos. Há triunfos e tragédias, prosperidade e falência, inflação e deflação; a história segue esse padrão e assim continuará até o seu fim. Se terminará em cima ou embaixo ninguém sabe. A história não retorna a si mesma, nem está sempre caminhando à frente para algo novo, mas apenas subindo e descendo. Estou simplificando tudo isso apenas para que você tenha um bom resumo.

A terceira é a visão *pessimista* da história. Segundo ela, a história apenas segue em constante declínio, piorando cada vez mais. É uma filosofia da história muito comum nos dias de hoje.

Há, então, a quarta visão, uma perspectiva *otimista* da história, mais característica do século anterior, cujo padrão é: "para o alto e sempre avante". Originou-se com Darwin e sua teoria da evolução. É a ideia de que existe um constante progresso rumo ao aperfeiçoamento.

Opondo-se a todas essas filosofias, a Bíblia tem

uma perspectiva singular da história que chamamos de *apocalíptica*. Ela se encaixa na visão de comunistas, judeus e cristãos. Todos a obtiveram da mesma fonte: os profetas hebreus. É como uma linha que desce cada vez mais e, repentinamente, passa a subir, para depois manter-se em um nível mais alto que o anterior. Esse, portanto, é o padrão que temos. Trata-se da visão comunista da história. Karl Marx era judeu e a obteve de suas origens judaicas e dos profetas judeus. É a filosofia da história vista em todos os profetas do Antigo Testamento. É a visão da história presente no Novo Testamento.

A única diferença entre a perspectiva de comunistas, judeus e cristãos é o fator que produzirá essa ascensão repentina a um nível mais alto de todos. Para o comunista, trata-se da revolução humana, quando a burguesia finalmente substituir o proletariado, dando início a uma nova utopia, livre de crimes ou desigualdades. Trata-se, obviamente, de um sonho que agora se estilhaça. A Rússia hoje está muito distante disso. Eles acreditaram que chegariam à utopia, mas não foi o que aconteceu. Os judeus afirmam que virá o dia em que Deus invadirá a história e trará o seu Reino à terra. A visão dos cristãos se aproxima muito da dos judeus, mas dá um passo adiante e declara: "Acontecerá quando o Rei vier, quando o Messias estabelecer o governo de Deus sobre a terra". Essa é a diferença.

Temos, portanto, essa visão apocalíptica da história e precisamos ensiná-la aos que estão à nossa volta, para que, quando ela se cumprir, eles não fiquem surpresos ou chocados. Quando a situação, de fato, se agravar, eles saberão que tudo faz parte de um padrão e que podem esperar por uma ascensão repentina quando o Rei voltar, pois a vida então chegará ao nível mais elevado que jamais alcançou. Essa filosofia da história é realista. Não é pessimista porque não acredita que seguirá declinando para sempre. Tampouco é otimista a respeito do futuro imediato. A esperança cristã mantém os olhos no futuro definitivo, não no futuro imediato. Seus olhos fitam adiante.

Percebo que essa filosofia apocalíptica da história não é ensinada nas igrejas. Por um lado, estamos sob a influência de credos, especialmente o Credo Niceno, fruto da primeira convocação que Constantino fez para um Concílio no noroeste da Turquia. Os credos afirmam que Jesus está voltando para julgar os vivos e os mortos. Em uma congregação que recita o credo, portanto, sua vinda não desperta esperança e otimismo. De acordo com a Bíblia, o Juízo Final não acontece quando Jesus retorna ao planeta Terra. Ele ocorre, na verdade, somente depois que a terra tiver passado. Sendo assim, Jesus não está voltando para julgar a terra. Mesmo que o credo faça tal afirmação, ela não se encontra na Bíblia. A Bíblia diz que terra e céu passarão e somente então o grande trono branco do juízo aparecerá.

Todo cristão, portanto, crê que Jesus voltará, mas a verdadeira pergunta é: "Por que ele voltará?". Sabemos *como* ele voltará: da mesma forma como foi; envolto em nuvens. Sabemos para *onde* ele voltará. A Bíblia é muito clara a respeito. Ele voltará a Jerusalém, o mesmo lugar de onde partiu. Não sabemos quando voltará, embora eu creia que seja possível determinar o mês, mesmo sem saber o ano, pois Jesus fez tudo de acordo com o calendário judaico.

A única das três grandes festas que Jesus ainda não cumpriu é a Festa dos Tabernáculos. A expectativa dos judeus é que o Messias venha quando estiverem celebrando a Festa dos Tabernáculos. Tanto o Antigo quanto o Novo Testamento afirmam exatamente isso. Foi por essa razão que os irmãos de Jesus lhe disseram (em João 7): "Você acredita ser o Messias? Por que não vai à Festa dos Tabernáculos e revela-se a todos?". Jesus respondeu: "Para mim o tempo ainda não chegou" e saiu secretamente. Se você ler o Evangelho de Lucas com atenção, descobrirá que Jesus não nasceu em 25 de dezembro, mas durante a Festa dos Tabernáculos, que acontece no final de setembro ou início de outubro. A prova está ali para que você veja. É maravilhoso ir a essa festa cristã porque os judeus também partilham dela e falam com animação a respeito da vinda do Messias. Participamos da festa como cristãos. Apenas lhes dizemos que o Messias já veio uma vez. Será numa ocasião como essa, contudo, que ele voltará. Creio que Jesus virá na Festa dos Tabernáculos para cumpri-la, assim como cumpriu a Páscoa e o Pentecoste. Trata-se da celebração da última colheita, o ajuntamento final. Tudo se encaixa perfeitamente.

Temos, portanto, o retorno de Jesus ao planeta Terra. Por quê? Ele não somente voltará ao planeta Terra, mas virá acompanhado de todos aqueles que estão no céu. É um fato extraordinário. Falei em quatro funerais de parentes próximos. Um deles foi o de minha filha. O outro foi o de minha sogra e depois o de minha irmã e o de meu cunhado. Em cada uma dessas ocasiões, eu disse: "Eles todos voltarão ao planeta Terra um dia". Todos me olharam como se eu estivesse ensinando a reencarnação! É incrível. E estou falando de cristãos! Jamais foram ensinados sobre a ressurreição do corpo, que acontecerá aqui, não no céu. Não precisamos de um corpo lá em cima, mas precisaremos de um aqui. É aqui que o receberemos quando Jesus voltar.

Se eu morrer antes de Jesus voltar, desfrutarei de uma grande vantagem: um assento privilegiado no grande encontro, pois os mortos em Cristo ressuscitarão primeiro. Eles recebem, portanto, os melhores assentos. O maior e mais barulhento encontro cristão se dará quando nos encontrarmos com o Senhor. Não há estádio na terra grande o suficiente para sediá-lo, portanto será preciso que ele aconteça no ar. Já vou avisando: se você não aprecia reuniões barulhentas, não venha. Haverá brados de arcanjos, trombetas ressoando e eu estarei exclamando: "Aleluia!".

Na lápide do túmulo do meu avô, na Inglaterra, logo abaixo do seu nome – "David Ledger Pawson" – está escrita a frase: "Que encontro!". Ela não foi extraída da Bíblia, mas de um antigo hinário metodista. No entanto, conheço seu significado. Ele está ansioso para o grande e estrondoso encontro, quando os cristãos se reunirão para saudar a volta do Senhor. Mal posso esperar. Leia meu livro *When Jesus Returns* (Quando Jesus voltar). Temos um futuro muito emocionante sobre o qual devemos contar a outros.

Creio que Jesus voltará para reinar. Não virá para julgar – isso acontecerá depois. A Bíblia afirma claramente que ele voltará para reinar e que reinaremos com ele. Sou o que se pode chamar de pré-milenista clássico. Até o início do ministério de Agostinho, a Igreja primitiva tinha apenas uma visão do futuro. Segundo essa visão, Jesus voltará para reinar sobre as nações do mundo e, então, todas as profecias que tendenciosamente consideramos poesia e mito se concretizarão.

As profecias referentes à natureza: sua transformação; o lobo convivendo com o cordeiro; o leão pastando com o boi; crianças brincando com víboras – você encara tudo isso como poesia? Creio que a mensagem de Deus tenha sido literal e que, quando Jesus reinar, a natureza será transformada. Toda a criação sofre e geme aguardando exatamente o quê? Aguardando a redenção de nossos corpos. Isso acontecerá quando Jesus retornar e nós recebermos nosso novo corpo na terra.

Gosto de pregar sobre a ressureição do corpo. Na verdade, tive a oportunidade de falar sobre a ressurreição do corpo a uma centena de idosos, algo bastante emocionante. Que tipo de corpo eu terei? Bem, dizem que será como o corpo glorioso de Jesus. E qual será a idade do meu novo corpo? A resposta é 33. E quando você tem 70 anos, mal pode esperar para ter 33 novamente!

Essa é a verdade. Em um instante, num piscar de olhos, Jesus me dará um corpo novo na terra. Os criacionistas aprovarão esta: um corpo novinho! Você acredita nisso, de fato? Eu acredito e fico animado com a ideia. Principalmente quando me dirijo a pessoas com deficiências físicas. Gosto muito de lhes dizer que eles receberão um novo corpo. Nós reinaremos com o Senhor.

Essa era a crença universal na Igreja primitiva. Não havia debate. Então, após algum tempo de ministério, Agostinho rebelou-se e resgatou sua formação grega. Foi trágico. Ele voltou-se contra o que era físico. Sua decisão caracterizou-se, em parte, por uma reação à sua vida promíscua e ao fato de ter gerado um filho ilegítimo antes de se converter, mas também era resultado do ensino neoplatônico que recebera quando estudante. Agostinho rebelou-se contra o pensamento de um retorno físico de Cristo a uma terra física para reinar sobre nações físicas. A partir daquele dia, a Igreja nunca mais pregou sobre a nova terra. Essa ideia foi substituída pela "ida ao céu", o que se configura uma perda trágica. É a fobia grega contra o que é físico.

Os judeus, em contrapartida, jamais fizeram isso. Gosto de contar às pessoas que descobri no Livro de Orações dos judeus uma encantadora prece para ser feita quando se vai ao banheiro. Não é adorável? Pode parecer divertido, mas se menciono isso a uma plateia de judeus não há sequer um sorriso. Eles dizem: "Mas é claro". O Deus da Bíblia interessa-se tanto pelo que você faz no banheiro quanto pelo que faz na igreja. Se você não consegue entender, é porque ainda não compreendeu o Deus bíblico, pois ele criou o mundo físico. Ele está interessado em nossos corpos, não apenas em nossas almas. Estive em muitos banheiros nas ocasiões em que fiquei hospedado em residências cristãs, e eles costumavam ter uma pilha de livros devocionais.

Há textos até nas paredes. Tudo está projetado para elevar sua mente às coisas celestiais enquanto você estiver ali, absolutamente grego e completamente anti-hebraico. Essa oração judaica, na verdade, diz: "Senhor, eu te louvo porque meu corpo está funcionando adequadamente". Na minha idade, o funcionamento correto do sistema de filtragem e intestinal torna-se praticamente uma oração de gratidão. Você louva o Senhor porque se sente melhor e deixa o local aliviado depois de ter soltado um bom "aleluia!".

Para o pensamento grego ocidental, é absurdo que Deus seja assim. No entanto, ele preocupa-se em salvar tanto meu corpo quanto minha alma, porque criou ambos. Um dia, Deus me dará um novo corpo para viver em um novo mundo – uma nova terra. Você, pregador, quando foi a última vez que pregou sobre a nova terra? Ou você fala apenas sobre ir para o céu? Costumo perguntar: "Você quer viver na nova terra?". Certa vez, estava pregando em Sydney, Austrália, a alguns quilômetros de Bondi Beach, uma conhecida praia local. Afirmei: "Na nova terra não haverá sol, nem mar nem sexo". Não ouvi um único "aleluia". Houve um silêncio mortal e todos pareciam estar ansiosos para dirigir-se imediatamente à praia. "Aquela nova terra será um lugar tão maravilhoso que você não sentirá falta de nenhuma dessas coisas", completei.

Você prega sobre a nova terra? Porque ela será nosso novo lar, o lugar onde Deus viverá. A maior surpresa da Bíblia está na última página, onde Deus afirma [paráfrase]: "Viverei com vocês na nova terra" e desce do céu, juntamente com a Nova Jerusalém. Com espanto, o anjo diz: "Agora o tabernáculo de Deus está com os homens, com os quais ele viverá. Eles serão os seus povos; o próprio Deus estará com eles e será o seu Deus". Temos uma esperança para o futuro que é simplesmente incomparável. Por que não a proclamamos todo o tempo, dizendo: "Você também pode desfrutar dessa esperança, mas precisará estar preparado para a nova terra e precisará de um novo corpo, e pode ter tudo isso em Cristo"? Que esperança temos! Gosto de pregar sobre temas escatológicos. Em um mundo sem esperança, um mundo em desespero, que maravilhosa mensagem a que temos.

O último ponto que quero destacar, portanto, é: vamos voltar nossos olhos ao futuro, vamos resgatar a esperança cristã. Não somente a esperança individual de ir ao céu, mas a esperança para o mundo, a esperança que trará a paz. Estive certa vez na sede da ONU (Organização das Nações Unidas) em Nova York, graças a um intervalo de seis horas entre voos. Um táxi amarelo me levou ao local. Meu desejo era conferir duas coisas.

A primeira delas fica no gramado da parte externa. Há ali um grande bloco de granito com a inscrição de metade de um versículo bíblico. Falando de usar a Bíblia fora de contexto, esse é um exemplo clássico. Diz o texto: "Das suas espadas, farão arados, e das suas lanças, foices. Nenhuma nação erguerá a espada contra outra, e não aprenderão mais a guerra". Essa é segunda metade do versículo apenas. A primeira parte diz: "A lei virá de Sião, a palavra do Senhor, de Jerusalém. Ele julgará entre muitos povos e resolverá contendas entre nações poderosas e distantes". O desarmamento multilateral somente pode ocorrer quando Jesus voltar e reinar em Sião. A sede das Nações Unidas, portanto, foi construída no local errado.

Uma jovem em seu uniforme azul mostrou o local ao pequeno grupo do qual eu fazia parte. Informava, à medida que nos conduzia: "Este é o Conselho de Segurança"; "Este é o auditório da Assembleia Geral"; "Estas são as salas dos comitês". Então, após duas horas, encerrou:

— Bem, senhoras e senhores, chegamos ao final de nossa visita. Tenham um bom dia.

— Mas você não nos mostrou esta sala — observei,

apontando para o mapa.

— Que sala? — ela perguntou, e eu a descrevi.

— Ah não, — explicou a jovem — está trancada. Não é possível entrar ali, não é aberta ao público.

— Mas... — insisti — vim para conhecer essa sala. Quero ver o que há lá dentro. Ouvi a respeito, mas não acreditei no que ouvi e preciso ver.

— Não — ela respondeu — sinto muito. Não é possível.

Então eu lhe disse:

— Vim de muito longe só para conhecer essa sala.

A jovem, contudo, estava irredutível. Tentei, então, minha última cartada e disse:

— Vim da velha e pequena Inglaterra só para conhecer esse local. — Isso costuma impressionar os americanos. As palavras "Vim da velha e pequena Inglaterra" realmente os comovem.

— *Eu* não posso permitir sua entrada ali, mas vá ao saguão e pergunte a um dos guardas se o senhor pode entrar — disse ela.

Pensei: "Ponto para nós". Dirigi-me ao guarda e perguntei:

— Por favor, você poderia me mostrar esta sala?

— Está trancada. É fechada ao público — ele respondeu.

— Mas eu gostaria de vê-la — insisti.

— Não, sinto muito. Não é possível.

— Bem... Viajei desde a velha e pequena Inglaterra...

Então ele perguntou:

— Quanto tempo pretende ficar ali?

— Dois minutos.

— Tudo bem, se for apenas dois minutos...

O guarda pegou uma chave, cruzou o saguão, abriu a porta e permitiu que eu entrasse.

Vi então o deus das Nações Unidas, aquele a quem eles oram por paz mundial. A sala é escura, de tamanho modesto. Sem janelas. Há um pouco de luz nas extremidades do teto, por isso ela é muito sombria e escura. Há um círculo com tapetes de oração e banquetas para que as pessoas se ajoelhem ou se sentem para orar e, bem no meio, está o deus. Sobre um pedestal, há um grande bloco negro de ferro fundido, do tamanho e formato de um caixão. Eles se ajoelham e oram a esse grande bloco escuro pedindo paz mundial. Eu já havia ouvido a respeito, mas não consegui acreditar. Pude então ver com meus próprios olhos.

Eis aqui o que aconteceu. Quando a sede das Nações Unidas foi construída, o secretário-geral da instituição na época, Dag Hammarskjöld, da Suécia, disse: "Não temos uma sala de oração; precisamos de um local para meditação". Construíram assim mais uma sala entre as duas alas. É por isso que ela não tem janelas. Houve então um grande debate sobre o que colocar na sala. Os americanos queriam uma cruz, mas a ideia foi descartada. Os hindus queriam flores, mas não houve aprovação. Os muçulmanos queriam outra coisa. Finalmente, procuraram um conhecido escultor e lhe pediram que criasse uma obra que representasse todos os deuses do mundo, na qual cada pessoa pudesse ver seu próprio deus. O escultor, então, esculpiu esse grande bloco e o pintou com uma tinta preta opaca para que não houvesse reflexo. Você se ajoelha, olha para aquela negritude, vê o seu deus e ora. Esse grande bloco escuro deveria representar todos os deuses. Por isso não tem forma. É escuro. É o nada, e você olha para o nada quando ora a ele. Eu disse: "Agora eu vi".

Senti vontade de chorar. É loucura pensar que a oração a um grande bloco escuro em Nova York trará a paz ao mundo e fará com que todos transformem suas espadas em arados e suas lanças em foices. Minha esperança, contudo, é que um dia, quando a outra metade se tornar realidade, quando o retorno de Cristo se realizar e ele governar sobre as nações, essa metade do versículo se cumpra. Quando vou à Austrália, costumo dizer: "Vocês jamais serão uma república. Já têm um Rei, e ele é judeu". A Noruega tem um Rei judeu: Jesus. Um dia ele retornará para reinar sobre todos os povos e resolverá as contendas entre as nações com absoluta retidão e justiça. Quando houver plena justiça, poderá haver plena paz, porque a ausência de paz deve-se sempre a algum senso de injustiça. Essa é minha esperança para o futuro: Jesus voltará.

Posso lhes dizer com franqueza que, na Inglaterra, há mais cristãos que depositam suas esperanças no reavivamento do que no retorno de Cristo. Isso me entristece. O centro de nossa esperança para o futuro é a segunda visita de Cristo ao planeta Terra. "Maranata" tem sido o clamor da Igreja desde o primeiro século, na mesma língua em que a prece foi primeiramente proferida: "Ora vem, Senhor Jesus".

O que estou tentando fazer é retratar a Igreja do século 21 que Deus procura. Minha grande pergunta é: ele conseguirá encontrá-la? De onde virá a reforma? De cima ou de baixo? Algumas vezes, ela veio de cima. João 23, o extraordinário senhor cujo papel era apenas servir de sentinela até que o próximo papa estivesse pronto, tinha dois pedidos em suas preces diárias. Ele orava por Israel e por um novo Pentecoste. Poucas pessoas sabem disso, mas obtive essa informação de seu capelão. Eram essas suas duas maiores inquietações: que houvesse um novo Pentecoste, um novo derramamento do Espírito sobre a Igreja Católica e que a Igreja se reconciliasse com Israel, por quem ele orava diariamente. O Concílio Vaticano II, portanto, que tantas mudanças promoveu, veio de cima, algo inesperado para a maioria. Devo dizer, contudo, que embora ocasionalmente venha de cima, a reforma costuma vir de baixo, à medida que pessoas insignificantes defendem a verdade, sem se importar com o preço que possam ser obrigadas a pagar.

Lutero veio de baixo. Era um simples monge que se

destacava apenas por seu autoexame e autoflagelo severos. Quem teria percebido aquele homem? Deus, contudo, pegou esse "zé-ninguém" e tornou-o alguém. Creio que a reforma que descrevi aqui e que anseio ver virá de baixo, das pessoas comuns, que estão nos bancos das igrejas. Percebo que algumas dessas pessoas estão muito à frente de seus próprios líderes no que se refere à compreensão do alvo para o qual a Igreja deve caminhar.

Por essa razão, estou em busca do Jan Hus, do Martinho Lutero, do John Brown, dos "zés-ninguéns" que, absolutamente firmados na palavra de Deus, se levantarão dizendo: "Eis-me aqui. Minha consciência é cativa à palavra de Deus. Não posso agir de outra forma". Os cristãos mais simples assim farão e dirão: "Não ficaremos presos à tradição; não seremos vinculados a políticos; estaremos sujeitos ao Senhor Jesus Cristo e à sua palavra e, pelo poder do Espírito Santo, faremos a diferença para o melhor".

Eu creio que a reforma virá de baixo. De onde virá a resistência a tal reforma? De dentro ou de fora da Igreja? Parte virá de fora, dos políticos, especialmente os da ala esquerda, cada vez mais liberais e anticristãos. Creio, contudo, que a principal oposição à reforma venha sempre de dentro da Igreja. Isso é doloroso. Origina-se nos líderes da Igreja que defendem o *status quo* contra qualquer mudança. Creio que haverá terrível oposição das autoridades eclesiásticas a qualquer reforma na Igreja. Isso, portanto, é doloroso.

Creio que você entenderá se eu lhe disser que os dois aspectos mais dolorosos em meu ministério foram: primeiramente, líderes da Igreja que parecem cegos e surdos, que não enxergam qualquer ameaça no islamismo e estão felizes e satisfeitos mesmo com congregações em declínio; e, em segundo lugar, seguramente o mais penoso, são os cristãos e líderes da Igreja que concordam comigo, mas que não se colocam publicamente ao meu lado. Conheci alguns deles. Eles dizem: "Muito obrigado, David. Obrigado pelo que está dizendo". Eu respondo: "Você pode me apoiar nessa afirmação? Seria bom ter alguém comigo no púlpito de vez em quando". Alguns deles me disseram (literalmente): "Nem com uma arma apontada para minha cabeça".

É realmente trágico que haja cristãos cientes de que ouviram a verdade e com ela concordem secretamente, mas que não se arriscam a assumir sua posição publicamente. Se pelo menos todos os que concordassem com essa reforma realmente fizessem algo... Essa é a maior tragédia. Poderíamos obter êxito se todos aqueles que realmente creem na verdade se revelassem e nela se firmassem, mesmo que lhes custasse o emprego ou a moradia.

Já lhe contei o que isso nos custou, porém jamais nos arrependemos e, desde então, o Senhor tem sido fiel em sua promessa de cuidar de nós. Uma semana após perdermos nossa casa, fomos presenteados com outra novinha em folha e com uma igreja para ministrar. O Senhor é bom. No entanto, ele precisou me conduzir ao ponto em que fui obrigado a afirmar: "Estou preparado para arriscar tudo, mas jamais agirei contra minha consciência". Creio que ele nos convida a adotar essa postura. No entanto, o preço é alto, e o temor da reação das pessoas pode ser o que realmente o detém. Eu acredito, contudo, que se você teme a Deus, jamais temerá pessoa ou coisa alguma.

www.davidpawsonbooks.com

www.davidpawsonbooks.org

www.ingramcontent.com/pod-product-compliance
Lightning Source LLC
Chambersburg PA
CBHW071007080526
44587CB00015B/2379